16.95

MON MANUEL DE SURVIE
*est le deux cent soixante-deuxième livre
publié par Les éditions JCL inc.*

D1224756

13-09-05

Données de catalogage avant publication (Canad

Anh-Dào, 1959-

    Mon manuel de survie: pour aider celles qui ne
    peuvent quitter leur mari
    ISBN 2-89431-262-8

    1. Conflits conjugaux. 2. Couples - Psychologie
3. Mariage. 4. Relations entre hommes et femmes.
5. Gestion des conflits. I. Titre.

© **Les éditions JCL inc., 2003**
Édition originale: octobre 2003

Mon manuel de survie

Pour aider celles qui ne peuvent
quitter leur mari

COLLECTION

PSY
populaire

Illustrations :
ANH-DÀO, Artiste peintre
www.anhdao.free.fr

© Les éditions JCL inc., 2003
930, rue Jacques-Cartier Est,
CHICOUTIMI (Québec) G7H 7K9 Canada
Tél. : (418) 696-0536 – Téléc. : (418) 696-3132 www.jcl.qc.ca
ISBN 2-89431-262-8

Anh-Dào

Mon manuel de survie

Pour aider celles qui ne peuvent
quitter leur mari

LES ÉDITIONS JCL

Nous reconnaissons l'aide financière du gouvernement du Canada par l'entremise du Programme d'aide au développement de l'industrie de l'édition (PADIÉ) pour nos activités d'édition. Nous bénéficions également du soutien de la Sodec et, enfin, nous tenons à remercier le Conseil des Arts du Canada pour l'aide accordée à notre programme de publication.

Gouvernement du Québec – Programme de crédit d'impôt pour l'édition de livres – Gestion SODEC

À Philippe, Michel, Jade et Thomas.

Table des matières

Introduction

Envie de paix et de bonheur durables avec toi.

*La plus grande découverte de ma génération
est que l'être humain peut changer de vie
en changeant d'état d'esprit.*
William James

Pourquoi ce livre?

De nos jours, divorcer est devenu monnaie courante. Des expressions nouvelles comme famille recomposée, famille monoparentale ont fait leur apparition, pour être aussitôt banalisées. Aucune d'elles n'exprime véritablement les dégâts en cascade qui résultent des séparations de deux époux, pire encore de deux parents : cellule familiale brisée, enfants abandonnés sur le chemin de la délinquance...

Mais à l'évidence, tous ceux qui ont, un jour, caressé ce projet en réponse à une situation difficile ne divorcent pas, fort heureusement. Malgré les liens de grande souffrance qui tourmentent ce couple. Malgré les encouragements à l'indépendance que les partenaires reçoivent de toute part.

Quelle réponse apporter à toutes celles et tous ceux qui ne peuvent – ou ne veulent – pas partir? Quelle aide proposer à ceux qui ont choisi d'affronter la dure réalité quotidienne de leur union et ne savent plus comment faire pour s'en accommoder?

Ce livre, original par sa façon de traiter les difficultés relationnelles, est uniquement axé sur la préservation de l'équilibre du couple et, par voie de conséquence, de celui de la famille.

Il est dédié à celles et ceux qui souffrent d'une situation dont ils ne savent comment se sortir avec le minimum de blessures.

Ces lignes s'adressent à une copine (mais elles concernent aussi les hommes) à laquelle je confierai mes peines et surtout mes espoirs afin qu'elle se sente moins seule. Mon but est de déclencher, chez mes lecteurs et lectrices, une réflexion qui déboucherait sur une action à entreprendre pour se sortir de ce mauvais pas et que je résumerais par quatre mots : agir pour se guérir.

Ce manuel de survie propose des solutions toutes personnelles. Il est avant tout le développement d'une idée qui me tient à cœur depuis longtemps et que je souhaite faire partager. Je n'ai pas la prétention de détenir la réponse magique universelle. Mais mon expérience me permet de donner mon point de vue, ce qui est déjà venir en aide. Je souhaite, en outre, que mes propos sachent aussi réconforter.

Ce livre apporte un début de réponse à ceux qui éprouvent les difficultés de vivre à deux et décident cependant de rester ensemble. Tout simplement parce qu'ils s'aiment, mais ne le savent plus.

Attention! Je ne donne pas de recette miracle, mais, au contraire, je demande au lecteur de « bosser » : lire, parler à ses amis, consulter des médecins, des psychologues, etc.

Ce que je propose n'est pas facilement applicable, et même plutôt le contraire, car il est souvent malaisé de s'en sortir. Je donne des conseils, mais le lecteur est responsable de ses agissements. Personne ne peut aider personne contre son gré.

Mon but est de venir en aide en enseignant la survie.

Je souhaite que ces lignes contribuent à synthétiser la pensée de la lectrice ou du lecteur. C'est important, car ils n'ont pas à chercher une motivation quelconque pour entamer une période de survie: quand nous crevons d'aimer et que nous voulons encore et encore aimer l'être choisi, nous sommes motivés.

Certains d'entre vous seront peut-être surpris – choqués? – par quelques-unes de mes idées. Je n'avais pas l'intention de tomber dans la facilité de lignes insipides faites pour plaire à tous et à n'importe qui. Mon manuel de survie, comme son nom l'indique, n'est ni romantique ni écrit pour faire plaisir: on n'est pas dans un livre à l'eau de rose, ce n'est pas non plus *Alice au pays des merveilles*. Mes convictions sont fermes et définitives, tant pis si elles vont à contre-courant et heurtent la sensibilité du lecteur: les images de la vie sont parfois bien rugueuses.

Si les mots que j'ai choisis peuvent être crus, ils sont aisés à comprendre.

Comme la Bible qui dit la vie avec des mots simples, qui parle d'amour, ce livre s'adresse au lecteur « lambda », car je le sais assez intelligent pour comprendre de lui-même et n'avoir nul besoin d'être traité comme un immature à la merci d'un tuteur.

Ce livre est une force en soi. S'il va à l'encontre des idées reçues, ce n'est pas par provocation, mais pour une bonne cause.

À ce titre, je dirais qu'il est d'utilité publique.

L'avant

Yeux dans les yeux, nous avons dit « oui » à l'amour.

Toutes les passions ne sont autre chose
que les divers degrés de la chaleur
et de la froideur du sang.
La Rochefoucauld

J'ai rencontré l'amour de ma vie d'une façon fort étrange. Ce jour-là, je dînais dans un restaurant thaïlandais avec mon amie Lara que je n'avais pas vue depuis plus de trois ans. Avoir mille choses à nous raconter ne nous a pas empêchées de lier connaissance avec deux autres filles, Katheleen et Laurette, assises à côté de nous.

« Il » est venu s'installer à la table voisine, accompagné de plusieurs amis.

Au cours du repas, les uns et les autres, en mal de compagnie, ont échangé des regards, des rires, puis nos numéros de téléphone. Prudente, je n'ai confié le mien qu'aux nouvelles venues. Je ne tenais pas à me voir relancée par ces inconnus, au demeurant fort sympathiques. Chacun est reparti de son côté, feignant l'indifférence.

Je me rendais compte que j'avais été bouleversée par un sentiment insolite, mais je me suis empressée de l'enfouir au plus profond de moi-même. J'ignorais alors que, le lendemain de notre rencontre, il partait en Asie et y séjournerait plus d'un mois. L'ayant su, l'aurais-je enfoui encore plus profond dans ma mémoire ou me serais-je sentie désappointée par ce départ soudain et cet éloignement prolongé?

Cinq mois se sont écoulés.

À l'occasion d'un repas à la maison entre filles, Katheleen et Laurette m'ont annoncé incidemment qu'elles l'avaient revu. Après avoir entretenu avec elles quelques relations, il avait tout à coup disparu, sans les prévenir et sans répondre au téléphone lorsqu'elles tentaient de le joindre. J'ai trouvé son attitude bien cavalière. Prise d'une envie belliqueuse que je ne saurais expliquer, je leur ai dit: « Donnez-moi ses coordonnées, je vais lui dire ce que je pense de sa conduite. »

Quand je suis décidée, rien ne m'arrête. Me voilà déjà en train de composer son numéro. Je peux bien vous le dire, il s'appelle Xavier.

À peine décroche-t-il que je lui déballe sans ménagement ce que j'ai sur le cœur. Je lui reproche sa façon curieuse d'aborder les femmes, puis de les laisser sans nouvelles et, goujaterie suprême, de faire le mort au téléphone. Tout cela si vite, que je ne lui laisse pas le temps de répondre. Un peu interloqué, il me demande finalement de lui accorder un rendez-vous qui lui permettrait de s'expliquer. Je refuse tout net et coupe la communication.

La soirée avec mes copines se déroula dans la joie. Occupées à parfaire notre nouvelle amitié, il ne fut plus question de Xavier.

Une dizaine de jours plus tard, je fus prise de quelques remords pour ma conduite et mon algarade téléphonique. Rongée de curiosité, je me décidai à l'appeler.

Il eut un petit sursaut d'étonnement en entendant ma voix, mais fut rassuré par mon ton radouci et mes propos largement moins vindicatifs. Au point que la conversation que nous venions d'engager ne dura pas moins de quatre heures.

Je laissai volontairement deux semaines s'écouler entre nos conversations. Comme je n'avais pas encore accepté de lui révéler mon numéro, il était dans l'incapacité de me joindre et devait donc attendre mes appels. Vaincue par son insistance, je lui accordai une demi-victoire en lui donnant les coordonnées d'une de mes boîtes vocales. Puis, je décidai de m'organiser pour, enfin, le revoir.

Six mois s'étaient encore écoulés depuis notre précédente rencontre.

Quand je l'ai revu, j'ai ressenti cette émotion indéfinissable et étrange qui ne m'avait pas quittée depuis la soirée au restaurant thaïlandais, mais, cette fois, avec une intensité décuplée. J'avais conscience que ce sentiment était en train de bouleverser ma destinée et d'ébranler pour toujours ma paisible existence.

Face à moi, j'ai découvert mon double. La plaque tournante de mes pensées, en un mot, ma vie.

Qui n'a pas connu ces moments de grand bonheur que l'on souhaiterait éternels tant ils sont merveilleux? Cette période est celle de l'« avant ». Ces jours heureux sont ceux des engagements, des fiançailles, que l'on espérait depuis des années.

Et puis, un matin on découvre l'amertume. On sombre peu à peu dans la grisaille, les frustrations, les rancœurs et les difficultés relationnelles. Ce grand bonheur a tôt fait de se transformer en cauchemar. La souffrance devient quotidienne et l'on ne sait plus à quel saint se vouer pour s'en défaire ou la soulager.

L'heure des constats et du bilan a sonné. C'est cette sombre période, que je nomme le « pendant ».

Le pendant

Ensemble et pourtant séparés se conjuguent au quotidien.

Il arrive quelquefois qu'une femme cache à un homme
toute la passion qu'elle ressent pour lui, de son côté,
il feint pour elle toutes celles qu'il ne ressent pas.
La Bruyère

Cette période de bilan est aussi indispensable que blessante : vivre avec ce partenaire est parfois un calvaire, mais nous ne pouvons vivre sans lui. C'est aussi une période de désillusions lorsque nous prenons conscience que nos espoirs s'évanouissent. Nous rêvions d'un avenir de bonheur éternel à ses côtés, et nous voilà les pieds sur terre, dans la triste réalité du quotidien.

Aucune potion magique pour cette période sinistre de l'existence. Aucune recette. Ou plutôt une profusion de recettes soi-disant plus infaillibles les unes que les autres recueillies au cours de discussions interminables avec son entourage.

Mais où est donc la porte de sortie ?

La souffrance ne fait que commencer, lorsque nous en arrivons à nous dire que nous ne pouvons pas le quitter « à cause de… » Puis, la douleur fait place à la résignation dont le poids est si lourd à porter que nous nous demandons quelle faute nous avons bien pu commettre pour nous voir infliger une telle punition.

On espère cesser d'avoir mal à « cause de lui », mais on ne sait comment s'y prendre.

Pendant des mois et des années de tergiversations,

je me demandais si je parviendrais à vivre sans cet homme qui me rendait tantôt heureuse, tantôt malheureuse. Malgré les souffrances que j'endurais à cause de son caractère, que je supportais plus difficilement, j'en suis arrivée au constat que je ne pouvais vivre sans lui. Ayant pris conscience que je ne pouvais me défaire de cette relation houleuse et dérangeante, j'ai fini par me convaincre que je devais apprendre à vivre avec elle.

Je venais de faire mon premier constat.

Ce constat, c'est la conclusion de folles pensées qui, un jour, s'ordonnent et aboutissent à de mûres réflexions. Puis vient l'instant du jugement: l'acceptation d'une situation et la promesse intérieure que l'on se fait de mettre en pratique toutes ses décisions et de s'y conformer scrupuleusement.

J'ai donc choisi de vous faire partager mon expérience et, toute modestie mise à part, quelques-unes de mes plus belles réussites. J'ai sélectionné pour vous huit règles de vie qui vous permettront, j'en suis persuadée, de prendre vos problèmes à bras le corps. Et de les résoudre si vous en avez la volonté.

J'ai quelques longueurs d'avance sur vous en matière de survie. Ce qui m'autorise à vous dire: mes huit règles, « ça marche » et je n'en suis pas peu fière!

Quand on ne peut faire autrement, on fait avec.
Cent fois j'ai voulu te quitter, et deux cents fois, je suis restée
près de toi. Tout ce que je sais, c'est que je t'aime.

Première règle de survie

*Si l'adversité est grande,
l'homme peut être plus grand que l'adversité.*
Tagore

Pour mieux expliciter ma pensée, laissez-moi vous conter l'histoire de Peter, mon vieil ami anglais. À soixante-cinq ans, il tombe amoureux d'une jeune fille de trente ans. Il avait alors femme et enfants, mais pensait pouvoir refaire sa vie et gagner quelques années de bonheur sur sa vieillesse. Il a fait le bilan de son existence et s'est rendu compte qu'il ne pouvait en modifier les données. Financièrement parlant, il ne pouvait assumer la charge de deux familles et il dut renoncer à son idylle. Bien entendu, il ne s'agissait pas de retomber soudain amoureux de son épouse, mais de vivre avec elle dans le minimum d'inconfort.

Comme il se savait dans une impasse et qu'il ne disposait pas d'une grande marge de manœuvre, il devait se conforter au sein de son couple et construire de nouvelles bases à sa vie future.

Peu importent les raisons des choix que l'on fait dans la vie, l'essentiel est de savoir, et d'être convaincu, que l'option prise est la bonne parce que la seule viable. Une fois les conclusions tirées, il est temps d'y adhérer et de faire en sorte que tout soit pour le mieux dans le meilleur des mondes.

Pour mon ami Peter, tout cela était une question de survie. Qui pourrait l'en blâmer?

Il est inexact de penser que vouloir se maintenir à tout prix dans une structure de couple auprès d'un « autre » peu sympathique et peu aimant soit synonyme d'ennui et de sacrifices systématiques. Lorsque l'on décide, en adulte, de suivre *sa* voie, il est impossible de n'y voir que contraintes et souffrances.

Le fait de se plaindre constamment est le signe que l'on refuse de prendre en main les rênes de sa vie et que l'on se complaît dans son rôle de victime.

Si c'est votre cas, il convient que vous apportiez, sans tarder, les modifications à votre comportement. Cela ne peut vous être que bénéfique dans l'avenir.

Dans la vie, nous sommes constamment confrontés à cette réalité : être dans l'obligation d'admettre des faits allant à l'encontre de nos choix de cœur. Malgré toutes nos réticences, il faut s'en accommoder.

Comme mon ami Georges, homme classique de la cinquantaine : bon job, donc bonne situation sociale, bonne éducation, une femme, deux enfants. Vingt-cinq ans de mariage avec ses heureuses et mauvaises surprises, ses hauts et ses bas. Par cette description sommaire, certaines femmes auront identifié leur conjoint, et certains hommes s'y reconnaîtront. Pour Georges, reste le palmarès de frustrations accumulées durant ces longues années auprès d'une femme qui n'a jamais voulu ou su répondre à ses attentes. Je veux parler de la vie intime et des relations sexuelles du couple.

Il a eu des aventures « comme tout le monde ». Il a, lui aussi, rêvé d'un ailleurs où il comblerait son vide affectif. Il a fait des projets qui n'ont jamais abouti : larguer les amarres, repartir à zéro, trouver celle qui saurait... Il est finalement resté avec la mère de ses enfants. (Ils étaient en bas âge, lorsque Georges a eu sa plus grosse crise.) Il est resté. Par peur? Par faiblesse? Par devoir? Tout ensemble, comme c'est le fait pour bon nombre d'hommes et de femmes qui, dans la majorité des circonstances, ne peuvent se résoudre à partir.

Avec le temps, Georges a su retrouver la paix de l'âme, même si la nostalgie le visite quelquefois. Bien entendu, sa légitime n'est ni plus sexy ni devenue nymphomane depuis la crise, mais elle a pris conscience de ses faiblesses et de ses manques. Il lui arrive de faire quelques efforts envers son mari et, sinon de combler, du moins de répondre aux attentes intimes de son époux. Rien de plus, mais je vous assure que c'est énorme pour elle.

Dans le couple, il faut tout faire pour briser le moins de choses possible. Si vous y parvenez, ce sera une grande réussite! La survie du couple, c'est l'acceptation, d'un commun accord, d'évoluer ensemble pour réparer et améliorer une relation. Cette idée est primordiale, et je ne comprends pas que l'on puisse soutenir le contraire.

Personne n'a le droit de juger du bien-fondé de chaque décision personnelle. Partir ou rester concerne la conscience de chacun. En revanche, il faut savoir que tous les couples « difficiles » ne se séparent pas. Dites-vous bien que la rupture n'est pas la recette qui fonctionne à tous coups : le partenaire de ses rêves n'existe parfois que… dans… ses rêves, justement! Nombreux sont ceux qui retombent sur des partenaires strictement identiques à ceux qu'ils viennent de quitter.

Comme nous l'avons constaté, Peter et Georges ont su renoncer à leurs chimères pour continuer de vivre auprès d'une femme qui ne répond plus à leurs attentes. À la force des événements, ils ont appris à considérer leur destin sous un angle réaliste et à transformer leur vie en une péripétie le moins frustrante possible.

Beaucoup trop de gens connaissent un parcours identique, mais ne savent pas s'en sortir sans blessures, vivant mal leurs sacrifices. Y parvenir est une belle victoire sur soi-même!

C'est en renonçant à ses chimères que l'on obtient la paix de l'esprit de façon durable. Chacun de nous est capable de trouver son bonheur. En revanche, quelle que soit la décision prise, il est primordial de ne pas tomber dans de sempiternels regrets.

Ce qui me conduit à vous énoncer la règle n° 1 :

Quand on ne peut faire autrement, on fait avec.

Que je commenterai ainsi :

Survivre, c'est avant tout accepter des états de fait. C'est s'avouer que nous ne pouvons faire autrement et que cet autrement n'est ni atroce ni insupportable. Cela étant acquis, nous pactisons avec nos peurs, et notre esprit se calme. En acceptant la situation, en reconnaissant la pertinence et la justesse de nos choix, nous nous délivrons de ses contradictions et de la souffrance qu'elle nous inflige.

Définir le but de sa vie.
Qui suis-je? Quels sont mes rêves et projets?
Je suis tout avec toi et rien sans toi.

Deuxième règle de survie

Sur l'arbre desséché, une fleur s'épanouit.
Shyo Roku

Nous le savons : au lieu de nous apitoyer sur notre sort et de ne voir dans la relation maritale qu'une succession de frustrations, il est plus judicieux d'y rechercher – et pourquoi pas d'y découvrir – les mille et une raisons qui font que nous y tenons encore un peu… beaucoup…

C'est seulement en essayant d'y voir bien clair que nous parviendrons à formuler la deuxième règle.

Si vous êtes une femme amoureuse ou une femme de devoir, il vous est impossible de briser votre couple. Si vous décidez de rester, c'est que vous aimez votre mari. Ce qui est valable pour lui aussi ; dans le cas contraire, vous vous quittez. Vous devez alors redéfinir les objectifs de votre vie. En reconsidérant vos limites, vos ambitions et vos rêves, vous comprendrez beaucoup plus facilement toutes les raisons qui vous ont poussée à rester.

Mais prenez garde : ne confondez pas les buts que vous vous fixez et ceux que votre entourage aimerait vous voir choisir. Manque de chance, ce ne sont généralement pas les mêmes. Nous sommes tous les enfants de quelqu'un, et rares sont les parents qui n'ont pas opéré des incursions inopportunes dans notre vie privée. Parfois pour de bons motifs, d'autres fois pour projeter sur nous leurs rêves sensés ou insensés. Confondre nos désirs et ceux de notre parenté est une erreur impardonnable. Elle mène avec certitude à la catastrophe.

Souvenez-vous que ce n'est pas en allant contre le gré de quelqu'un, que nous pouvons aider cette personne. Le changement ne peut venir que de soi-même. Les autres peuvent avoir, à l'occasion, une influence bénéfique, mais toute amélioration ne peut être que le fruit de sa propre résolution.

Même lorsque nous avons des difficultés dans notre vie privée, il est recommandé de ne pas abandonner nos objectifs initiaux. Et si jamais nous avions omis de nous fixer des buts précis, alors il est urgent de s'en doter.

Quand j'ai réalisé que je ne pouvais, raisonnablement, aller à l'encontre de mes sentiments et qu'il m'était impossible de vivre sans mon homme, j'ai pris des décisions. Sur ces bases, il me fallait apprendre à vivre avec lui, même si j'en paie toujours le prix fort. Que ce soit bien clair : *avec* lui ne veut pas dire *pour* lui, *par* lui.

À ce moment-là, j'ai compris toute l'importance qu'il y avait à se fixer un but dans la vie. Le mien est de vivre dans la sérénité. Mon idéal est d'avoir une vie douce et harmonieuse parmi les gens que j'aime.

Quand je suis en guerre contre Xavier, je me sens détruite au plus profond de mon âme. Mon raisonnement est confus, tout mon être est déchiré. Je ne peux continuer de vivre dans cette atmosphère de bagarre, car elle interdit toute forme de communication et qu'elle est abondamment destructrice.

Ma position est le reflet d'une réalité actuelle : le couple ne va pas bien. La femme d'aujourd'hui fait fausse route. Elle pense trop en termes de combat. La vie de couple est tout ce que l'on veut, sauf cette logique de guerre. Il faut comprendre cela pour entreprendre un changement positif et réinventer une autre façon de vivre ensemble.

Ce qui me permet d'annoncer la règle n° 2 :

Définir le but de sa vie.

À laquelle j'ajouterai ce commentaire :

Nous apprenons à définir le but de notre vie à tout âge. Parfois, nous nous rendons compte que nous avions omis de nous en fixer un ou bien qu'il n'était pas le bon. Lorsque nous sommes confrontés à des difficultés, surtout conjugales, alors nous retrouvons toute notre capacité à nous poser les « bonnes questions ».

Avant, nous pensions pouvoir nous passer de l'autre. Pourtant, c'était lui qui nous imposait cette situation détestable et c'était bien lui qui nous faisait tant souffrir. Inévitablement, nous en déduisions que la seule solution était la rupture. Plus nous y réfléchissions, plus cela semblait évident. Mais pour une raison encore impossible à déterminer, il apparaissait que nous ne parvenions pas à rompre avec notre passé.

Notre pauvre idéal en est sorti tout écorné. Notre quotidien tourne le dos à nos vieux rêves. Mais il reste néanmoins cette sensation qui se transforme peu à peu en certitude : nous tenons à lui, malgré tout. Plus le temps passe, plus cette vérité s'impose à nous.

« Définir le but de sa vie » donne à l'autre une place plus marquée et plus essentielle dans notre mode de fonctionnement. Nous revoyons la situation et nous tâchons de la rendre la meilleure possible. En agissant ainsi, nous choisissons l'espoir et nous décidons de vivre en accord avec ce choix. Vivre une existence appropriée aux réalités nous éloigne des chimères d'un monde inaccessible.

Troisième règle de survie

L'être véritable est le commencement d'une grande vertu.
Pindare

Changer, c'est aller vers une prise de conscience essentielle d'une impérieuse nécessité.

Quand notre couple ne va pas bien, c'est qu'il y a eu un débordement chez l'un ou l'autre. Soit vous avez permis à votre partenaire d'exagérer, soit c'est vous qui avez outrepassé vos droits, parfois avec son assentiment. Souvent, c'est le résultat de vos seuls égarements.

Pour moi, déborder veut dire obliger l'autre à assumer plus qu'il ne peut ou ne veut. Cela veut aussi dire que nous avons tout simplement oublié de tenir compte de l'autre et que nous avons fonctionné au-delà des limites de sa tolérance.

La majorité de nos difficultés vient du fait que nous n'avons pas suffisamment fait attention à l'autre. Une fois les limites du respect franchies, nous sommes tout à fait capables de poursuivre jusqu'à l'infamie.

Je vous l'affirme, il faut apprendre à respecter les frontières immatérielles de l'autre. Pour ce faire, une seule méthode: *communiquer vrai*. Lui dire nos sentiments, nos émotions. Lui expliquer que nous souf-

S'occuper de soi.
Je sais que je suis maître de mon destin;
responsable de mon bonheur comme de mon malheur.

frons, parce que lui non plus n'a pas su tenir compte de la légitimité de notre personne.

En d'autres termes, il faut se faire prendre au sérieux. Le jour où j'ai compris que l'on me devait le respect, parce que j'en étais digne et que je le méritais, ma vie a pris une tout autre tournure.

Auparavant, je faisais passer systématiquement les besoins des autres avant les miens. J'estimais que je devais toujours être serviable et disponible, sans me demander si les autres pouvaient me rendre la pareille en cas de nécessité. Je trouvais ridicule et mesquin de comptabiliser, car, en matière de gentillesse, il est préférable de se donner sans réserve. Ma générosité gratuite n'a pas toujours été comprise, loin de là, parce que certains n'ont su voir en moi qu'une « bonne poire » dont l'unique plaisir était de rendre service.

Fort heureusement pour moi, j'ai su détecter le sens caché des faits. J'ai appris beaucoup de mes erreurs, souvent à mes dépens. Ainsi, aujourd'hui, je ne confonds plus la véritable amitié avec le copinage de circonstance. Je suis devenue beaucoup plus méfiante et je n'accorde plus systématiquement de crédit au premier beau parleur venu.

J'insiste sur une idée qui me tient particulièrement à cœur tant je la trouve fondée: pour être respecté, il faut avant tout se respecter soi-même. Se respecter, c'est prendre en compte ses besoins personnels, mettre l'accent sur ses exigences et ne plus vivre de griefs contre l'autre et des frustrations qui en découlent.

En m'occupant d'abord de moi, je me prends mieux au sérieux et les autres me considèrent d'un autre œil. Tant pis si cela ne fait pas plaisir à tout le monde et si certains en viennent à se fâcher contre moi, puis à me tourner le dos. En me responsabilisant, je me protège des accusations gratuites et j'évite de me culpabiliser.

Pour résumer, je vous servirai un bon vieux dicton qui prend ici toute sa saveur : « On ne peut pas plaire à sa mère et à tout le monde. »

Le seul critère que je retiens désormais est de me satisfaire moi-même. En opérant ainsi, je limite les risques d'être blessée ou déçue. J'agis et je n'attends plus rien des autres. Ma nouvelle règle de vie devient l'assouvissement de mes besoins affectifs, ce qui revient à donner la primauté au respect de ma personne. Les autres viennent en deuxième position dans l'échelle de mes priorités.

Si vous êtes de celles qui oublient trop souvent leur droit à être respectées, il n'est pas trop tard pour bien faire. Osez ! Redressez la situation à votre profit, vous en avez le devoir, règle n° 3 :

Le maître mot, c'est « s'occuper de soi ».

À laquelle j'ajouterai :

« S'occuper de soi », c'est se donner la chance de

ne jamais avoir à reprocher quoi que ce soit à son partenaire. Cela peut vous sembler un vrai paradoxe: plus nous allons nous occuper de notre personne, plus nous serons aptes à donner et à mieux aimer l'autre. Pour aimer, il faut savoir s'aimer.

Il est faux de croire que plus nous nous privons et nous dévouons pour l'autre, plus nous l'aimons. C'est l'inverse qui se produit: en agissant de la sorte, nous avons bien des chances de finir aigri, incompris et malheureux.

Quand quelqu'un me dit agir dans l'unique but de faire plaisir à l'autre, je trouve cette personne suspecte. Pratiquer l'abnégation à ce point lui permettra seulement d'accuser l'autre et de lui imputer ses propres frustrations et ses attentes déçues.

Ceux qui annoncent fièrement: « J'ai tout fait pour lui et voyez comment il me traite en retour » doivent s'attendre à bien des désillusions.

S'en tenir à ses choix et décisions.
Il est la personne que j'aime et je décide coûte que coûte de
réussir ma vie auprès de lui.

Quatrième règle de survie

Je suis maître de mon destin, le capitaine de mon âme.

Henley

Mettez en application toutes les décisions que vous avez prises. Soyez sévère avec vous-même, alors les autres vous prendront au sérieux.

Pour être crédible, vous devez être constante dans vos choix et ferme dans vos décisions. Adaptez vos actes à vos prises de position. En vous efforçant de vous comporter en personne responsable et de devenir la personne « qui compte » lorsque vous vous regardez dans le fond des yeux, vous obtiendrez un excellent résultat : vous faire confiance.

L'erreur est humaine, mais mieux vaut éviter de réitérer. Dans les domaines où je me sens défaillante, je compense ma faiblesse par une discipline à toute épreuve. Vous le savez aussi bien que moi : ce n'est qu'en travaillant sur vous-même que vous progresserez dans la survie.

Je suis une incorrigible gourmande. Lorsque je décide d'améliorer mon apparence physique, je m'impose un régime draconien et je m'interdis le moindre écart. Lorsqu'il m'arrive de trébucher – je ne suis pas faite autrement que vous – je me regarde faire et je mesure toujours le prix à payer et la durée de la reprise en main. Ensuite, je me reprends et repars sur de nouvelles bases.

Comme bon nombre de mes contemporains, je me suis mise à faire du sport. Pour me prouver ma crédibilité, je me suis fixé une demi-heure quotidienne de gymnastique. Je peux vous assurer que ces séances me coûtent beaucoup d'efforts, mais ce n'est qu'à ce prix que je serai bien dans ma peau. Et je m'y tiens, par respect pour moi-même.

Prendre des résolutions est tellement aisé que nous en prenons parfois sans discernement. Mais avoir la volonté de nous y conformer et de poursuivre l'effort, coûte que coûte, permet de forger notre caractère, de nous endurcir et de nous préparer aux difficultés à venir. Le plus beau mais le plus dur des combats est celui que nous menons contre nous-même. La victoire est magnifique lorsque notre objectif est atteint, quel qu'en soit le tarif, et que nous sommes fiers du chemin parcouru.

Voilà la règle n° 4 :

S'en tenir à ses choix et décisions. Ne jamais abdiquer.

En appoint à cette règle, je vous livrerai l'exemple d'un calendrier d'actions. Tout comme moi, vous avez vos moments de doute et d'hésitation. Apprenez à franchir sans encombre ces instants de remise en question.

Pour savoir que vous avancez, vous devez pouvoir

mesurer vos efforts. Vous devez être capable de vous dire : « Il y a un mois, j'en étais à ce stade, il y en a trois, je progressais à peine, il y en a six, je n'étais pas encore décidée, etc. »

Mon instrument de mesure, c'est un calendrier d'actions à mener pour améliorer la marche de mon couple. Pour moi, seul compte le résultat, c'est-à-dire de marquer des points positifs dans mon existence. Pour mon couple, il s'agit de désamorcer les conflits.

Voici le mien :

Janvier :   je décide de rester avec lui et, en dépit des difficultés, de vivre une vie plus heureuse à ses côtés.

Mars :   j'entreprends une thérapie pour y voir plus clair.

Juin :   je constate que mes efforts portent leurs fruits, car le nombre de mes frustrations diminue.

Septembre :   je recommence à faire des projets communs avec lui.

Décembre :   je prépare la nouvelle année d'un cœur plus léger.

Une fois votre calendrier établi et réalisé, vous vous direz, à cette dernière étape, que ça va bien mieux entre lui et vous, et qu'un an, c'est vite passé.

Désamorcer à tout prix toute forme de conflit.
Chaque dispute détruit un bout d'amour.
La refuser, c'est préférer vivre d'amour et de sérénité.

Cinquième règle de survie

En chinois, le mot « crise » veut dire
« danger », mais aussi « occasion ».

Mon plus grand défaut est le manque de contrôle de mes colères. Quand je me fâche contre lui, je le lamine. Aussi ai-je mené une de mes plus grandes croisades contre mes « colères noires ». Un combat quotidien auquel je n'accorde aucune trêve. À force d'obstination et de persévérance, j'ai accompli d'énormes progrès dans ce domaine.

Il y a toujours des signes avant-coureurs indiquant que la situation tourne au vinaigre. Le ton de la voix se fait plus dur, les mots sont plus acérés et ils font mal, le regard devient noir, l'ambiance est tendue… Dans un couple, les conflits ne sont que l'expression des rapports de force entre les deux individus et traduisent la volonté absolue de chacun de dominer l'autre. Le « vouloir avoir raison » écrase le « vouloir vivre dans la sérénité » et **E** – ego, égoïsme, égocentrisme – l'emporte sur le **A** – amitié, affection, amour.

Ces affrontements oratoires épuisent le système nerveux et, à long terme, s'avèrent destructeurs pour le couple. Quand je les vois arriver, je m'efforce de ne pas me jeter dans la bagarre. Le but n'est pas d'avoir raison, mais d'être heureux. Sommes-nous plus heureux lorsque nous avons raison? Honnêtement, je ne le pense pas, car c'est une bien maigre victoire de l'ego.

Aussi, je n'alimente pas les disputes et je m'abstiens de jeter de l'huile sur le feu.

Vous vivez avec votre partenaire depuis long-temps, donc vous connaissez tout de lui. Vous savez quels mots vont le blesser, vous savez où est le défaut de sa cuirasse. Mais est-ce bien raisonnable d'utiliser ces armes? À vous de décider de la tournure que vous souhaitez donner à votre vie : vous décidez de ne plus vous détruire le moral quand il vous considère de façon révoltante? Alors, redéfinissez les règles du jeu, de votre jeu, pour vous permettre d'y retrouver votre idée du bonheur.

Quand le couple se dispute, il casse toujours quelque chose et chez l'un et chez l'autre. Alors, apprenez à désamorcer les conflits. Ce qui compte quand le feu est déclaré, c'est de tout faire pour l'éteindre.

Il vous veut conciliante? Soyez-le en apparence. Montrez-lui que vous êtes docile : il a juste besoin de se rassurer en affirmant son emprise sur vous. Mais au fond de vous-même, posez-vous les bonnes questions. Vraiment, croyez-vous avoir fait le maximum pour toujours répondre à ses attentes? Certes, non. Mon idée est que, pour désamorcer les conflits, il suffit parfois de paraître accommodante, sans l'être pour autant. Là où il y a discorde, mettez de l'amour. Il faut tout faire pour préserver l'amour, quitte à mentir pour faire plaisir à l'autre. Optez pour la douceur et la paix. La véritable liberté se trouve dans cette faculté de faire son choix de vie. Décidez ce qu'il convient de faire pour aller dans le sens de vos intérêts et vous cons-taterez que vous survivez à vos soucis domestiques et à la tyrannie de votre partenaire. Suivez l'exemple de ces vieilles épouses toutes ridées qui ont surmonté les difficultés conjugales en gardant le sourire!

Je vous le dis: la nécessité impérieuse est de se préserver des souffrances inévitables que fait naître la guerre de l'un contre l'autre. Ne vous épuisez pas en querelles stupides. Apprendre à désamorcer les conflits, c'est apprendre à vivre dans la sérénité.

Dites-vous que vous ne voulez pas vieillir à force d'épuisement nerveux. Projetez-vous dans un univers de calme et de tranquillité et décidez de changer d'air ambiant: en suivant la voie de la douceur, vous éviterez l'angoisse d'une vie guerrière. Avec le temps, vous comprendrez l'importance de sauver votre peau, quoi qu'il advienne, en œuvrant pour la paix.

Je le sais pour l'avoir appris en payant le prix fort.

Xavier et moi avions pris la mauvaise habitude de nous quereller pour des vétilles. Au bout de quelques années de ce régime destructeur, nous ne savions plus démêler l'essentiel du subalterne, le vrai du faux. La contagion des ondes négatives avait mis notre couple en piteux état et nous ne comprenions plus pourquoi.

La guerre avait contaminé notre amour. Nous ne parvenions plus à survivre à nos frustrations et aux ressentiments accumulés.

De nos jours, les problèmes liés au divorce se généralisent et augmentent leur pouvoir destructeur. Le film *La Guerre des Roses* nous montre que le combat cesse, faute de combattants, s'ils parviennent à s'éliminer mutuellement. Un de mes amis psychiatre propose une autre solution : que le combat n'ait pas lieu, faute de belligérants. Les conflits conjugaux s'arrêtent net si vous décidez de ne pas entrer dans l'arène.

Méditez bien ce raisonnement et vous apprécierez la pertinence de la règle n° 5 :

Désamorcer à tout prix toute forme de conflit.

En résumé : pensez d'abord à vous-même en refusant toute forme de conflit. Dites-vous bien que rien ni personne ne pourra vous aider à vous en sortir tant que vous cultiverez un esprit de destruction. Vous paierez de votre santé ces attaques et contre-attaques. Choisissez de vivre en paix.

Prenez conscience que, sans le calme et la tranquillité d'esprit, vous ne pourrez évoluer dans un monde serein. Là où il y a discorde, mettez de l'amour, vous y gagnerez en bien-être. Rien au monde ne mérite que vous vous détruisiez mutuellement.

Sixième règle de survie

Toute grandeur sort de quelque désespoir.
Ramuz

Notre quotidien baigne dans un confort relatif et souvent lénifiant. À la moindre anicroche, nous voilà démoralisés et en train de nous plaindre. Il faut affronter les problèmes, en saisir l'importance, tout en restant calme, car les résultats dépendent de l'état d'esprit avec lequel nous appréhendons les obstacles. En regardant la situation bien en face, sans dramatiser, il est plus facile de l'évaluer et de prendre, par la suite, les mesures qui s'imposent.

Prendre la vie du bon côté aide à surmonter ses ennuis. Je vais vous donner l'exemple de mon amie, Marie, toujours dotée d'un moral à toute épreuve. Je ne connais aucune autre personne possédant un tel degré d'optimisme, au point qu'elle frise parfois l'inconscience. Elle a le don de retourner les problèmes à son avantage grâce à son esprit positif hors pair. Quand il lui arrive de plonger dans le trente-sixième dessous, elle n'en ressent ni abattement ni découragement. Comme elle n'est nullement alarmée par les événements, elle conserve toute son énergie pour réfléchir et découvrir les bonnes solutions. Marie possède à la perfection la connaissance de ses limites, elle évalue efficacement ses problèmes et ne se laisse jamais aller à la déprime. Elle ignore le mot pessimisme. Son secret réside dans le refus de la dramatisation.

Quand je suis en guerre contre mon homme, il me

Dédramatiser toute difficulté.
Prendre du recul, être zen aide à voir les difficultés
sous leur véritable jour : elles sont évitables
et doivent être à tout prix évitées.

semble parfois être prise au piège d'une spirale infernale. Je perds pied, je m'étouffe comme si je me noyais, écrasée par des mains invisibles. En reprenant mes esprits, je m'oblige à prendre du recul et à reconsidérer ce qui a mis le feu aux poudres. C'est la seule démarche qui me permette une saine appréciation de la situation. Je n'ai rien à gagner, rien à perdre à poursuivre l'affrontement, mais l'erreur est de me poser en victime et de tout mettre sur le dos de mon « amoureux ».

En acceptant la vie telle qu'elle se présente, avec ses bons et ses mauvais moments, j'élimine mon angoisse et je dédramatise. J'entends par là refuser de me battre contre le vent, car aucun combat ne peut être mené contre une catastrophe inéluctable. J'affronte les problèmes avec calme, en évitant de perdre le contrôle. Pourquoi m'exciter et oublier ma bonne humeur, alors que je sais qu'on ne vit qu'une fois?

Je ne suis pas résignée, bien au contraire. J'ai simplement décidé de prendre la vie du bon côté. D'ailleurs est-ce être résigné que de penser sainement et clairement?

Ce qui me conduit à l'une de mes règles préférées, la n° 6:

Dédramatiser toute difficulté.

Quand vous êtes en mauvaise posture, vous angoisser n'est d'aucune utilité, si ce n'est de sombrer plus vite et plus profond. Forcez votre nature, cherchez de nouvelles voies, trouvez des variantes à votre quotidien.

Dédramatiser, c'est refuser d'aller dans le sens de l'horrible. Il faut lutter, en toute connaissance de cause, contre l'angoisse et le stress. Et si la catastrophe ne se produisait pas?

Dédramatiser, c'est aussi avoir bien présent à l'esprit que rien n'est ni tout blanc ni tout noir. Pourquoi accepter les bons moments de la vie comme étant naturels et se croire victime du sort lorsque les mauvais frappent à la porte?

Prenez la vie du bon côté et apprenez à jouir de tous les instants. Certains ennuis recèlent parfois un dénouement heureux.

Septième règle de survie

*Louer les princes des qualités qu'ils n'ont pas
est une manière de leur dire des insultes.*
La Rochefoucauld

En prenant du recul, vous constatez aussi que votre vie donne d'excellents prétextes à rire. Je le dis souvent à mes amis : « Le rire est le ciment de la joie de vivre. » Une journée au cours de laquelle vous ne riez pas est une journée perdue.

Développez donc votre sens de l'humour, trouvez la force de rire de vos petites misères et vous vivrez mieux.

Quand je suis dans une impasse, j'essaie de reconsidérer ma situation en lui donnant un tour humoristique. Vous aurez remarqué avec moi que rire à ses dépens permet de retrouver la bonne voie. Si jamais vous parvenez à faire rire l'autre, la partie est doublement gagnée.

Je pratique l'humour en accentuant mes problèmes jusqu'à ce qu'ils soient si outrés qu'ils en deviennent risibles. Il ne faut pas oublier qu'en dehors de la mort, rien n'est définitif. Pour tout le reste, avec une pointe d'humour et un zeste de diplomatie, se hisser au sommet est possible. Et l'air pur des hauteurs favorise les bonnes décisions.

Je vous propose un bon programme : prendre du

*Utiliser l'humour pour vous sortir
de n'importe quelle situation.
On se dispute souvent pour des broutilles
alors qu'il faut apprendre à en rire.*

recul, dédramatiser, rire de ses ennuis. Sinon, vous risquez de passer à côté de la vraie vie. Voyez ce que la rébellion de certaines femmes a pu engendrer : divorce, solitude, enfants abandonnés, vieux parents reniés… Où est passé l'amour ?

Quand Xavier me reproche de ne pas être docile, je lui mets entre les mains un fouet imaginaire afin qu'il réalise le grotesque de sa remarque. Et ça marche! Il esquisse une moue qui en dit long, et la partie est gagnée.

Si votre partenaire vous fait vivre un enfer, arrêtez de larmoyer sur votre triste sort. Puisez dans vos réserves pour trouver la force psychologique de réagir. Soyez plus détachée du contexte et projetez-vous dans l'espoir d'une vie meilleure. Mais ne vivez pas non plus que d'espoirs. Faites en sorte que vos rêves deviennent réalité de toute urgence. C'est seulement en agissant que l'on trouve la réponse à ses questions.

Avant de poursuivre, je vous soumets une question qui me semble importante : connaissez-vous la différence entre *agir* et *réagir* ?

Agir veut dire intervenir, avoir l'initiative, c'est une impulsion qui ne dépend que de notre volonté. Elle implique dynamisme, énergie, enthousiasme et vivacité.

Réagir, c'est s'opposer, répliquer, répondre, riposter, toutes des impulsions étroitement liées à l'intervention et à la volonté d'autrui.

Quel camp allez-vous choisir? Je vous mets sur la piste en vous soufflant que les personnes engluées dans des difficultés relationnelles sont généralement plus réactives qu'actives.

La résignation engendre la souffrance. Pour lutter contre la monotonie du quotidien, offrez-vous des moments d'évasion secrets que vous seule êtes capable d'apprécier. Programmez-vous ces instants de « pause-bonheur » sans lesquels vous ne pouvez fonctionner. Ces ruptures dans la monotonie sont essentielles à notre équilibre personnel.

Je tiens à vous rassurer : vous n'avez nul besoin d'accomplir des actions extraordinaires pour lutter contre le stress. Il suffit simplement de croquer un carré de chocolat ou de vous faire un petit cadeau en vous offrant l'objet de vos rêves. Occupez-vous de vous et surtout faites-le dans la joie et la bonne humeur.

Et puisque l'humour est l'oxygène de la vie, voyez la règle n° 7 :

Utiliser l'humour pour sortir de n'importe quelle situation.

À ce sujet, je dois vous faire une confidence : j'ai beaucoup appris de ma mère en l'observant vivre. Malgré toutes les difficultés qu'elle a rencontrées, elle a toujours découvert « sa » solution : dans toute chose réside une part de comique qu'elle a su voir et utiliser à son profit.

Ma recette à moi, dans les moments de cafard, est de revoir une de ces cassettes vidéo qui ont le don de me faire rire, quel que soit mon état d'esprit. Il m'arrive aussi de lire et de relire des textes que je trouve drôles. Je vous en ai composé un qui, je l'espère, saura vous faire sourire et que j'ai intitulé « Le pet ».

Un de mes amis me confiait un jour que cohabiter avec la personne aimée, c'était aussi partager les rots et les pets. Sur le moment, je trouvais cette remarque affligeante, car elle dévoilait toute la trivialité de nos corps, parfois immonde, souvent dénuée de beauté et d'élégance. À mon sens, la remarque de mon ami manquait de poésie, sinon d'espoir. Pour moi, la vie de couple était tout, sauf ce réalisme déprimant.

Hier, alors que j'étais dans un demi-sommeil, j'ai vécu une expérience extraordinaire. Tranquillement allongée dans toute ma superbe, je reposais à côté de mon homme. Vous savez, depuis le début de ce manuel de survie, que je partage avec Xavier un certain idéal de vie. Il est un de ces êtres que je souhaiterais en dehors de toute contingence matérielle, parce que, justement, je le veux différent des autres. Mon irréalisme est exacerbé par la magie de l'amour. Et c'est en toute connaissance de cause que j'aime me raconter des histoires auxquelles je suis la seule à croire.

Toutes les bassesses de ce monde ne peuvent souiller mon idéal de vie, encore moins l'homme que j'ai enchâssé dans mes constructions mentales. Il est tout sauf vil et vulgaire. Au chapitre des trivialités, je place en premier lieu les expressions du corps en général. Ces épanchements souterrains diminuent l'être et le rabaissent à son expression originelle, celles qui font de l'homme un animal tout juste amélioré.

Je ne saurais vous en expliquer le pourquoi, mais ce soir-là fut la révélation de cette facette humaine que je déniais à mon homme. Un homme parmi les autres et qui a parfaitement le droit de se comporter, lui aussi, en animal. L'indélicatesse qu'il montre parfois me révolte, car je la réprouve au plus haut point.

Dans le calme nocturne, je subis l'assaut d'une bombe atomique. J'étais littéralement atterrée par cette agression gazeuse aussi tonitruante que malodorante. Je ne savais pas si je devais en pleurer ou en rire. J'étais hébétée par le choc et l'odeur de ce partage d'intimité absolue. Dans mon for intérieur, je tâchais de me convaincre qu'il s'agissait là de la reconnaissance d'une union allant bien au-delà d'une banale histoire. Je me disais que c'était le commencement d'un engagement dans la vie commune. Mon vieil ami avait bien raison : c'est le partage des rots et des pets qui scelle le couple.

Pour vous amuser encore, je dirais que le plus étonnant était la force de ce pet. Il était du calibre de ceux qu'on ne lâche qu'une fois par an, à l'anniversaire de la guerre du Golfe. Mon homme devait le retenir depuis bien longtemps de manière à ne pas m'éprouver tout de suite. Il l'avait stocké jusqu'à cet instant où, n'en pouvant plus de se retenir, il avait ouvert les vannes. Pour mon malheur, Xavier fait le double de mon volume... imaginez l'étendue du désastre! Je ne savais plus si je devais respirer par la bouche ou par le nez. Confrontée à la pesanteur de la réalité, j'étais dans tous mes états.

Le matin, au réveil, je me suis demandé si je n'avais pas rêvé cette attaque tonitruante qui avait déchiré ma nuit. Sur le visage de mon homme encore endormi, je ne pouvais déceler aucune expression de gêne.

User et abuser de l'entraide d'autrui.
On a tous besoin d'une épaule réconfortante, surtout
lorsqu'on est dans le désarroi.

Huitième règle de survie

Pour être amis, il faut manger un sac de sel ensemble.
Aristote

Rappelez-vous : nous pouvons tout endurer, tout accepter à condition de compenser en nous faisant plaisir, en apprenant à partager aussi bien nos moments de souffrance que nos instants de bonheur. Le partage fait partie des joies de la vie.

Nous ne sommes pas différents des autres. Il n'y a aucune honte à reconnaître nos victoires et nos détresses. Nous connaissons tous des difficultés, à des degrés divers, à des moments différents, mais chacun de nous en éprouve.

Dans ces jours difficiles, évitons de nous enfermer sur nous-même et ouvrons-nous aux autres. C'est en nous entraidant que nous progressons à grands pas.

Qu'est-ce que l'entraide ? Simplement se raconter. Nous avons besoin d'exprimer nos souffrances. Alors, il est absolument nécessaire de nous entourer de nos amis. Il faut aller au-devant de soi et vers les autres. C'est le seul choix possible lorsque tout va mal. Quels que soient les problèmes, le seul moyen de les affronter avec une bonne chance de les résoudre, c'est l'entraide.

Au masculin, la solution semble venir de l'isolement, du repli sur soi-même. L'homme serre les dents et estime pouvoir s'en tirer tout seul, pourvu qu'on lui fiche la paix.

Au féminin, le choix se porte sur la discussion entre copines. En parlant, en ouvrant son cœur, la femme dompte ses angoisses et découvre le chemin de la solution.

Homme ou femme, vous avez intérêt à unir vos forces à celles de votre entourage pour résoudre vos difficultés.

Avec Xavier, j'ai mis des années pour comprendre le décalage de nos modes de fonctionnement. Quand il va mal, il se met en boule sur le canapé et s'isole en s'abrutissant de télévision. Comme je me sens mal moi aussi de le voir dans cet état, je viens me blottir dans ses bras. Mais il refuse de m'intégrer dans son monde et se mure dans le silence. Quand il me rejette ainsi, mon angoisse augmente. Pour me protéger de cette frustration, je n'ai qu'une solution : me rapprocher de mes intimes, leur parler en attendant l'heure où mon homme se décidera enfin à m'inclure dans ses pensées.

Avant de déchiffrer son fonctionnement, je faisais fausse route en accumulant les rancœurs. Je lui en voulais de me délaisser et de m'ignorer pendant mes moments de désespoir. Maintenant que je connais son système de défense et de références, je lui pardonne mieux ses manquements à satisfaire mes besoins sentimentaux.

Je suis persuadée qu'il en est de même pour vous toutes. Allez au-delà de votre quotidien et efforcez-vous de comprendre les réactions plus ou moins négatives de vos compagnons. C'est en comprenant leur mode de fonctionnement que vous développerez l'empathie vitale pour votre couple. Il ne s'agit pas de raisonner pour savoir qui supporte, qui souffre, qui inflige, mais de faire un pas l'un vers l'autre. Vous serez alors deux êtres qui refusent de se détruire et qui choisissent de construire.

L'entraide peut aussi bien provenir de votre entourage que de celui de votre partenaire.

Faire confiance à l'autre, c'est vous doter d'une bonne option pour améliorer votre quotidien. Soyez confiante. Même si des expériences fâcheuses vous ont démontré le contraire, faites l'effort de vous reposer sur autrui. Vous ne prendrez pas de risque, car c'est en donnant que vous recevrez.

Lorsque nous croyons être manipulé par les autres, nous faisons simplement une erreur d'objectif: en fait, nous sommes le jouet de nos illusions. Cette erreur nous fait perdre beaucoup de temps, car elle mobilise toute notre énergie dans un faux combat. Nous voici en train de faire la guerre à l'extérieur alors qu'il faudrait la mener à l'intérieur de nous-même.

J'ai rencontré Lili, une Vietnamienne, lorsque j'avais 18 ans. Curieusement, je n'ai jamais su pourquoi je l'avais conservée comme amie durant toutes ces années, tant nos valeurs et nos comportements diffèrent. Je dois admettre qu'il m'est arrivé, à maintes reprises, de renoncer à la fréquenter en raison de nos divergences de vue. Et puis, l'une ou l'autre reprenait contact sans pour autant que nous songions à modifier nos opinions mutuelles. Lili avait des pensées et des attitudes qui me révoltaient, mais en tant que vieille amie, je lui accordais les circonstances atténuantes. Je me disais que je ne disposais pas de tous les éléments et que, finalement, je n'avais aucun droit de la juger. Un jour, Lili m'a avoué qu'en plein désarroi elle avait enfin compris le sens de mes propos. Elle réalisait combien il était indispensable de s'entourer d'amis. Des vrais, des amis sur qui elle pouvait compter, de ceux qui cultivent l'art de la réciprocité.

Cette confidence de Lili justifiait ma patience à son égard. Ma foi en son retour se trouvait récompensée. Aujourd'hui, je peux compter Lili parmi mes rares intimes. Je sens que notre amitié a pris une voie satisfaisante et je suis heureuse d'avoir su répondre à son appel de détresse.

Voilà ce que peut être l'entraide. Une écoute attentive et des conseils judicieux qui conduisent l'amie à trouver ses solutions. J'aime préciser que l'entraide est le témoignage de sa solidarité et non pas une prise de contrôle de l'ami en détresse. Personne, même animé de bonnes intentions, ne peut penser, agir à la place d'autrui. Il faut savoir aussi apporter une aide « musclée » quand le besoin s'en fait sentir, mais il ne faut pas confondre cette attitude avec l'ingérence.

L'altruisme n'est pas un vain mot. Lorsqu'une personne souffre et se confie à vous, ce n'est pas tant la solution qui l'intéresse, car elle n'agira qu'en fonction de sa propre conviction, mais le fait de savoir qu'elle est écoutée. Pouvoir s'ouvrir à ses amis est fondamental, car le soulagement commence dès que nous savons ne pas être l'unique individu à endurer cette situation.

N'oubliez jamais que vous êtes seule au moment

de faire vos choix et qu'en toute circonstance, vous êtes la seule et unique responsable de votre sort. Mais pour tout le reste, voici la règle n° 8 :

User et abuser de l'entraide d'autrui.

J'appelle entraide cette part essentielle, en dehors de moi, qui me renforce quand la tempête fait rage. La vie ne s'exprime que dans un tissu de relations : travail, famille, bénévolat… Nous avons tous besoin de nous sentir entourés.

Je déclare suspects ceux qui affirment pouvoir se passer des autres et de vouloir vivre totalement isolés. Les exemples sont légion : je citerai le drame des grandes villes dans lesquelles les individus se côtoient sans jamais se rencontrer. Cette ignorance de l'autre est une maladie mortelle.

Notre confort matériel nous isole derrière un rempart de vanité et nous fait ignorer l'essentiel : l'amour de l'autre.

Comme vous certainement, je me suis protégée de peur d'être blessée. Mais un jour, j'ai compris qu'en étant accessible et vraie je gagnais en humanité. Faites don de vous-même, et vous verrez d'autres cœurs s'ouvrir à vous.

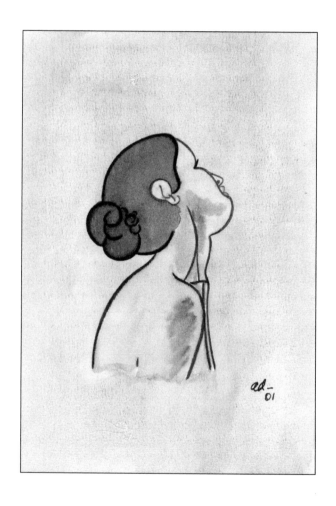

Ne jamais perdre de vue que la force est en soi.
Je suis ma propre force, car tout part et revient à moi-même.

Neuvième et dernière règle de survie

La vertu se découvre mieux dans l'adversité.
Francis Bacon

Avec cette règle, je vais essayer de vous montrer que tout commence et finit avec soi.

Le plus simplement du monde : le secret réside au plus profond de sa personne. « Connais-toi toi-même », disait Socrate. Celui qui ne l'a pas encore compris s'égare sur le chemin de l'ignorance.

Je vous l'ai déjà dit : quand je n'ai pas le moral, je me fais un petit cadeau pour me soulager du poids de l'existence. Ce jour-là, j'avais décidé de me réconforter avec une bonne séance chez ma coiffeuse préférée. Véra s'occupe de moi depuis des années et nous nous faisons quelques confidences pendant qu'elle s'active autour de mon fauteuil. Quelques coups de ciseaux et mes soucis s'envolent. Emportée par son élan, Véra me propose de m'épiler les sourcils, ce que j'accepte sans vraiment réaliser la portée de mon approbation.

Ce n'est qu'en sortant du salon que j'ai pris conscience de l'impact de cette manipulation esthétique. En m'accordant cette trêve, je n'ai fait que m'occuper de ma personne. Mon bien-être extérieur commençait à déteindre sur mon moral : je me sentais toute revigorée. Je reprenais possession de moi et je sentais monter ce regain d'énergie qui me permettrait d'affronter mes soucis. J'avais tout simplement oublié qu'en me laissant aller à négliger mon aspect, je délaissais mon bien-être intérieur. Alors, j'ai compris que la force était en moi et nulle part ailleurs!

Quand j'étais adolescente, sœur Odette, ma mère spirituelle, remplaçait mes parents absents. Elle me fascinait par son indépendance d'esprit et sa façon toute particulière d'être à l'écoute. Elle avait affiché sur la porte de sa chambre l'image d'un âne qui proclamait: « Bien faire et laisser braire. » À chacune de mes questions d'adolescente, elle répondait avec une grande sagesse, me renvoyant à moi-même. Sans doute trop jeune, j'avoue ne pas avoir toujours saisi la pertinence de ses propos. Avec du recul, j'en interprète aujourd'hui le sens caché: nous sommes à l'origine de tout. L'avoir compris m'aide à lever les barrières que je rencontre sur ma route.

Plus tard, j'ai éprouvé une véritable adoration pour mon professeur de philosophie. À cette époque, il était mon tout, mon dieu vivant. Un jour, je me jetai aux pieds de mon professeur et lui demandai: « Où est la clé? » Une question me taraudait au sujet du chemin que je devrais emprunter pour me réaliser et me rejoindre. Mon désespoir était total, à la mesure de l'importance que j'attribuais à cette interrogation. Je sentais qu'il me manquait l'essentiel et le cherchais partout sans imaginer une seconde qu'il se trouvait en moi. Je cherchais la clé où elle n'était pas, car c'est moi et moi seule qui la détenais.

Quand j'entends parler de gourous et de directeurs de consciences, je reste perplexe face à la crédulité de mes contemporains, prêts, au moindre signe, à se défaire de leur contrôle sur eux-mêmes. Comme si cela coûtait de se prendre en charge et de se responsabiliser!

Sans doute, oubliez-vous trop facilement que personne ne peut vous offrir la force cachée en vous. Sachez que vous êtes à la fois votre propre révélateur et votre seul moteur. Dès que vous avez intégré cette idée, vous constatez combien il est facile de vivre avec soi-même. C'est magique! Il suffit alors de compter sur ses ressources personnelles.

Ce qui me permet de conclure par la dernière règle, la n° 9:

Ne jamais perdre de vue que la force est en soi.

Je croyais toujours que la personne se trouvant face à moi était meilleure, savait mieux faire. Tout simplement parce que je manquais de confiance en moi.

J'ai mis des années à me convaincre que la richesse était ancrée en moi. Vivre en harmonie avec les autres et soi-même est une aventure enrichissante. Comptez sur vos propres forces tout en vous assurant la participation de celle d'autrui. De cette union naîtra un état de bien-être que vous imaginez mal avant de l'avoir atteint. Croyez-en mon expérience!

Savoir que vous pouvez, à tout moment, vous

sentir épaulée par votre compagnon tout en vous reposant sur vos forces intérieures vous donnera la force de construire un couple sain.

En cherchant activement votre équilibre en vous, vous deviendrez apte au bonheur, dans votre vie personnelle et dans celle de votre couple.

Ne perdez pas de temps, commencez dès aujourd'hui la mise en application des neuf règles que je viens de vous énoncer. À vous d'agir dans le bon sens, prenez-vous en main et négociez efficacement le « passage ». Ce dont je vous entretiens dans les pages suivantes.

Le passage

*Dès lors que j'ai décidé de mieux aimer mon homme
et de tout faire pour tendre vers cet objectif,
ma vie a alors pris une autre tournure.*

Changer l'état d'esprit

L'homme naît seul, vit seul, meurt seul;
et c'est lui seul qui pioche le chemin.
Bouddha

Désirer survivre à son mariage, et surtout à son mari, exige de « passer le gué ». Il est indispensable de se projeter d'un état que l'on souhaite abandonner vers un autre qui semble mieux répondre à ses attentes. Ce qui veut dire : imaginer, concevoir et concrétiser par des actes.

Vous n'avez aucune autre solution si vous voulez sauver *et* votre couple *et* vous. À cet instant votre choix est décisif : votre bien-être futur en dépend, car personne ne peut se satisfaire d'instabilité et de souffrances.

Mais attention! Opter pour des jours meilleurs implique de changer d'état d'esprit. C'est ce que j'appelle « passer le gué ». Lorsque vous entamerez le passage, vous passerez de la situation de victime à celle d'adulte responsable. Toute la logique de guérison tient dans cette transition.

Approfondissons. Avez-vous déjà observé des enfants qui jouent? À les voir et les entendre, on les croirait tous paranoïaques (ne le sommes-nous pas tous un peu?). Ils ne peuvent s'empêcher de se disputer (comme des caricatures d'adultes?). Et lorsqu'ils se chamaillent, ce n'est jamais de leur faute, mais toujours celle de leur voisin, et d'autant plus s'il s'agit de leur meilleur copain.

Vous aurez saisi l'importance de ma démonstration. Nous sommes tous de grands enfants qui ne semblent pas toujours en mesure de vivre en société. A fortiori dans nos couples. Nous témoignons de si peu d'empathie pour nos compagnons que nous en venons à saboter notre vie commune et, à l'occasion, de nous détruire nous-même. Parce que personne ne nous a jamais enseigné, dans notre enfance ou plus tard, le « jouer gentil » qui nous fait tant défaut.

Si vous vous morfondez encore à l'étape de la destruction, je vous invite à transformer votre état d'esprit et à passer le gué dès à présent, car il n'est jamais trop tard pour bien faire.

Je vois venir votre objection. Vous pensez : « Et l'autre ? » Il n'existe qu'une seule réponse sensée : « Et vous ? Occupez-vous d'abord de votre personne. » Comprenez-le bien : il sera toujours temps de prendre soin de l'autre. En tout cas, pas avant d'avoir réglé vos propres problèmes. Vous constaterez un jour que l'autre s'est chargé de ses propres difficultés, comme un grand, sans vous demander votre avis.

Alors? On y va? On change d'état d'esprit? On refuse d'être la victime et on prend sa destinée bien en main? On devient responsable de sa vie?

On passe le gué?

Bravo à celles et ceux qui osent. Que les autres ne se désespèrent pas, ils y viendront tôt ou tard.

Allons voir sur l'autre rive comment ça se passe.

Là où je vous parle de l'« après » et vous fais découvrir les secrets que recèle encore ce manuel de survie.

L'après

*Tout ce qui contribue à développer l'amour est privilégié,
tout ce qui l'en éloigne est systématiquement écarté.*

Les outils de la reconstruction

Immobilité. Patience. Laisse faire. Tout se fera.
Lao-Tseu

La dernière partie de ce manuel traite de la mise en pratique de la survie. Il est temps que je vous donne une définition plus précise de ce que j'entends par survie: « Il s'agit de partir de *zéro* jour de bien-être pour atteindre une existence faite de *90 %* de bonheur auprès de son compagnon. »

Au début, nous n'avions que faire de lui, puis, après mûres réflexions, il s'est révélé être quelqu'un d'important, d'essentiel, de vital. Alors, ensemble, nous avons décidé de réussir notre couple et notre existence, tout simplement parce que nous l'aimons. Et lorsqu'on aime encore, il n'est jamais trop tard.

Je pourrais vous citer l'exemple de ce couple qui, après avoir traversé de nombreuses années d'égarements, a survécu au naufrage matrimonial uniquement parce que l'un des deux conjoints a changé d'attitude. Son partenaire, s'apercevant de cette évolution positive, a décidé de se reprendre et de se transformer. Au terme de cette mutation, initiée par l'un des deux, le couple s'est rebâti, plus solide que jamais.

La survie permet de faire le point, chacun de son côté afin de redonner une meilleure définition de son couple. Elle a pour finalité de voir les deux anciens adversaires faire la paix et se retrouver ensemble pour un nouveau départ.

Pour réussir cette *re*construction, des outils sont nécessaires. Encore une fois, ce que je vous propose reste à la portée de tous : ces outils nous ont été donnés à notre naissance. Il s'agit de nos cinq sens : l'ouïe pour être à son écoute et à la nôtre, le toucher pour nous réconforter de sa présence, la vue pour garder l'œil sur la réalité, le flair pour « sentir » les mauvais coups arriver et enfin le bon goût de ne plus laisser échapper des paroles horribles.

Les partenaires désireux d'évoluer au sein d'un couple qui « marche » doivent à tout prix développer leurs facultés d'écoute, de respect et d'empathie. La condition de la réussite est simple à énoncer : reconnaître que l'autre possède sa propre personnalité et qu'il est vital de respecter la différence.

En partant de ce principe élémentaire, vous apprendrez bientôt à prêter plus d'attention à votre partenaire et à tenir compte de ses besoins. Le respect de la différence ne se limite pas à la vie du couple, mais également à tout rapport entre humains. Cette considération déborde du cadre de ce manuel de survie, mais je ne résiste pas à l'envie de vous dire que chaque individu possède ses particularités et qu'il y a lieu d'en tenir compte. Chacun d'entre nous mérite un minimum d'égards. Le sachant, nous augmenterons la qualité de notre communication, ce qui ne manquera pas de réduire le nombre de maladresses et de malentendus.

À mon avis, les troubles conjugaux naissent de l'incompréhension et de l'indélicatesse. Trop souvent, nous ignorons les besoins réels de notre partenaire, faute de communication. Vivre en toute sérénité dans votre couple, que ce soit par choix ou par obligation, nécessite de redéfinir votre vision de la vie commune en fonction de votre compagnon. Cette approche nouvelle vous aidera à éclairer votre vie et vous permettra d'apprendre à mieux vivre avec « l'autre ».

Outil n° 1
Les hommes et les femmes sont différents.

Il y a deux manières d'être un homme parmi les hommes.
La première consiste à cultiver sa différence,
la seconde à approfondir sa communion.
André Malraux

Vous vous demandez certainement pourquoi un outil d'une telle banalité. Parce qu'à force d'être évidente nous perdons de vue tout ce que recèle cette affirmation. J'ai remarqué que la majorité de nos difficultés ont pour origine une ignorance profonde de la nature différenciée des hommes et des femmes. Je m'explique.

Pourquoi s'énerver lorsque « monsieur » nous donne l'impression de ne faire aucun effort pour nous comprendre? Étant de sexe opposé, il a une vision très différente des choses. Il ne cherche pas à être désagréable, loin de là, mais il lui est quasiment impossible d'agir en utilisant des critères autres que les siens.

Si vous intégrez cette notion de totale différence entre hommes et femmes, vous éviterez de porter des jugements de valeur. Vous cesserez de critiquer chez votre partenaire la « part de ténèbres » que vous ne comprenez pas.

Un ami psychiatre m'a fait découvrir la notion d'extrême solitude. Il pense que chacun « roule pour lui », et nous nous imaginons, au contraire, que l'autre agit exclusivement en se positionnant « pour » ou « contre » nous.

Les hommes et les femmes sont différents.
Pas à pas, nous abattons ensemble le mur de
l'incompréhension pour construire par ailleurs un océan de
sentiments partagés.

Je vous donne un exemple personnel : je suis une personne délicate qui aime rendre heureux mon entourage. Selon mon ami psychiatre, il y aurait méprise sur l'honnêteté de mes sentiments : mes actions pour le bien d'autrui sont un leurre. Je n'agis pas pour faire plaisir – comme j'aimerais le croire – mais parce que je suis construite ainsi et que je ne peux m'en empêcher.

Pour revenir au cœur de mon propos, affirmer la différence entre homme et femme conduit à réfléchir et à trouver moins de défauts à l'autre sexe. Ce faisant, nous voilà enclins à plus d'empathie, à faire preuve de plus de patience et de bonne volonté. Le résultat est évident : nous ne reprocherons plus aux hommes leur égoïsme et ils ne taxeront plus leurs compagnes d'ingérence.

Je vais tenter d'illustrer mon propos par une anecdote. Au début de mon idylle avec Xavier, j'étais agacée au plus haut point, car il arrivait systématiquement en retard à tous nos rendez-vous. J'avais beau me dire que le retard était inscrit dans sa nature, je ne parvenais pas à supporter son attitude.

Je dois préciser que je suis d'une ponctualité extrême et que je m'attache à respecter les horaires à la seconde près. Dans mon esprit, le retard est parfaitement inconvenant. Ne l'admettant pas pour moi, je ne le tolère pas plus chez les autres. J'estime qu'il s'agit d'une marque d'éducation et, plus encore, du respect de son prochain. Ne dit-on pas que la ponctualité est la politesse des rois ?

Vous imaginez aisément le décalage entre nos

deux modes de fonctionnement. Il ne s'agit pas de savoir quels sont les torts réciproques, mais de comprendre que nous sommes en présence de deux systèmes, de deux rythmes de vie totalement en opposition. S'en rendre malade ne changera rien à ce constat. Ni lui ni moi ne changerons notre nature profonde. Alors que faire?

C'était décidé, je ne bougeais pas d'un iota. Lui non plus. Je vous passe sur les crises qui en ont découlé. Finalement, nous avons convenu d'une règle de bonne conduite. Dorénavant, je ne poireauterai plus au bas de l'immeuble, complètement transie. Je l'attendrai chez moi, bien au chaud. Dès qu'il sera proche du lieu de notre rendez-vous, il me passera un coup de fil pour me prévenir de son arrivée imminente. Dans ce compromis, nous avons tous deux tenu compte de l'autre. Malgré nos modes de fonctionnement diamétralement opposés, nous avons fait cet effort de compréhension qui nous a permis de trouver la meilleure fin à notre conflit.

Il pourrait être question de difficultés plus dramatiques. Peu importe. À partir du moment où vous ne manquez ni de bonne volonté ni d'astuce et que vous désirez véritablement comprendre votre partenaire, vous parviendrez à trouver la solution qui résoudra votre problème.

Si vous souhaitez en savoir davantage sur les différences entre hommes et femmes, je ne saurais mieux faire que vous conseiller la lecture du merveilleux ouvrage de John Gray: *Les Hommes viennent de Mars, les Femmes viennent de Vénus.*

Il vous faut tout tenter pour sauver votre couple. Dans mon anecdote du retard, l'essentiel n'est pas que votre homme arrive – ou non – à l'heure, mais de découvrir un arrangement acceptable pour les deux. Car il n'y a pas de petite ou de grande consolation, il y a la joie des retrouvailles, même si cela doit s'accomplir en modifiant son idéal de vie. Comprendre la nature de l'autre, c'est déjà respecter sa différence. Survivre est un acte que l'on doit jouer à deux.

Je le dis souvent à ceux qui me consultent dans le cadre de mon activité de conseillère en bien-être : « Dans un couple, il suffit d'un seul qui ait envie de s'en sortir pour que l'autre profite des effets du changement. » Cela s'appelle faire le premier pas.

Faire le premier pas.
Construire, c'est agir. Et agir, c'est aussi savoir faire le premier
pas; le pas du dialogue pour sortir du silence destructeur.

Outil n° 2
Faire le premier pas.

Celui qui s'abaisse sera élevé.
Tolstoï

Quand je me dispute avec Xavier, nos deux volontés engagent un bras de fer. Aucun des deux ne gagne quoi que ce soit à être plus violent ou plus stupide dans la confrontation.

J'ai mis des années à le comprendre. Du coup, j'ai décidé de mettre en application le principe: *le plus intelligent cède le premier.* Agir de la sorte m'a coûté beaucoup. Au début, n'y croyant qu'à moitié, je ne m'exécutais que du bout des lèvres. Avec le temps, cette démarche est devenue une seconde nature. Désormais, je ne me pose même plus la question, je considère que les disputes sont trop stupides pour leur donner de l'importance. Je me force à réagir de manière plus positive et plus constructive. Xavier et moi avons fait des progrès: nous bâtissons notre avenir sur un mode de confiance, fondé sur le respect de nos différences, et nous développons au maximum la communication dans notre couple.

Cette confiance mutuelle nous permet de nous ouvrir l'un à l'autre. Pour parvenir à ce résultat, j'ai dû décider de mettre fin à nos sempiternelles querelles internes.

Il persiste néanmoins un obstacle particulièrement ardu à surmonter: qui fera le premier pas? Derrière toutes nos réticences, il y a seulement beaucoup d'orgueil. Chacun souhaite qu'une situation tendue prenne fin au plus tôt, chacun souhaite que l'autre fasse des efforts en conséquence et aucun ne désire modifier son comportement. J'entends trop souvent : « Changer, oui, mais c'est à l'autre de commencer. » À cela je réponds invariablement : « Occupez-vous d'abord de vous. Faites-vous plaisir et ne vous mêlez plus de ce que l'autre doit faire ou non. » Je n'ai rien à ajouter, ce conseil se suffit à lui-même.

Je m'adresse à toutes celles qui ne veulent ou ne peuvent quitter leur mari : qu'il soit horriblement radin, odieusement égoïste ou franchement inconvenant, prenez le taureau par les cornes et décidez pour vous seule des changements à apporter dans votre vie. Décider vous procurera une force extraordinaire, car, pour une fois, vous ne subirez pas, mais vous agirez.

Vous allez prendre la vie comme elle vient. Dans les pages précédentes, vous avez appris que vous deviez trouver un but à votre vie et vous efforcer de tenir le cap de vos décisions. Je vous ai expliqué comment désamorcer les conflits en prenant du recul et en refusant de monter sur le ring. En outre, vous maîtrisez l'art de la dédramatisation et vous développez de mieux en mieux votre sens de l'humour. Vous vous entourez d'amis qui savent vous apporter leur aide et vous n'avez pas perdu de vue que la force est en vous et nulle part ailleurs.

Munie de tout ce savoir-faire, il vous est on ne peut plus facile de faire le premier pas. Vous êtes consciente des différences fondamentales entre votre homme et vous. Dans votre couple, vous êtes donc la plus apte et la plus armée pour remplir votre mission : chercher tout moyen de remplacer la guerre par la paix.

Avouez-le, il est plus facile d'aimer votre compagnon dès lors que vous avez décidé de le comprendre et de l'accepter tel qu'il est. Faire le premier pas et dire : « Tu n'as pas tort, je n'ai pas tort, nous avons à la fois tort et raison. » L'essentiel n'est-il pas de construire un nid d'amour et de retrouver ensemble vos vraies valeurs ?

Cette démarche qui mène vers un changement progressif est à la portée de tous. Il vous suffit de décider de vous mettre en quête de votre bonheur, de votre équilibre et de votre sérénité, vous verrez que la réussite vous attend au bout du chemin.

Arrêter les accusations.
Plus je l'accuse, plus je nous détruis, et plus je me détruis, et
plus je m'éloigne de l'amour et de la sérénité.

Outil n° 3
Arrêter les accusations pour construire.

Avant de juger une personne,
marche pendant trois lunes dans ses mocassins.
Dicton des Indiens d'Amérique

J'aime me plonger au milieu de la foule pour aiguiser ma capacité d'attention, car j'estime essentiel d'améliorer mon écoute. Ainsi, j'ai observé que la plupart des conversations tournaient autour des critiques et des accusations. Comment s'étonner des difficultés à communiquer sur un mode sain quand nous constatons que la majorité de nos contemporains préfère médire que d'avoir des échanges constructifs? C'est bien là le nœud de nos difficultés relationnelles.

Si vous voulez modifier vos relations avec votre conjoint, faites le premier pas et, en priorité, cessez de l'accuser de tous les maux. D'accord, il n'est ni le meilleur des hommes ni totalement conforme à vos rêves. Mais il n'est certainement pas le pire de tous.

Comme vous, il m'arrive de me lamenter sur mon sort, puis je réalise combien il est stérile de se plaindre sans rien faire. À ce sujet, j'ai une anecdote qui va vous éclairer.

À New York, au comptoir d'une compagnie aérienne, comme je demandais une place très loin des fumeurs, car je suis vraiment incommodée par la fumée, l'hôtesse me répondit: « *Join them or fight them.* » En quelque sorte, faites comme eux ou combattez-les. J'ai trouvé cette remarque très intéressante parce qu'elle m'incitait à prendre position.

Il en est de même pour tout ce qui nous arrive. Vous ne pouvez pas rester éternellement sur votre réserve et ne jamais rien entreprendre de constructif. Vous pouvez fort bien ne pas être exaltée par les causes humanitaires à grande échelle, mais vous avez la stricte obligation de « bouger » dès qu'il s'agit de vous. Vous battre pour votre bien-être est le premier de vos devoirs personnels. C'est cela « se respecter ».

Aussi curieux que cela puisse paraître, c'est en vous respectant que l'autre commencera à agir avec vous de manière identique.

Quand Xavier était indigne avec moi, qu'il m'accusait à tort et à travers, j'entrais dans une rage incontrôlée tant je trouvais son attitude injuste. Cette réaction fait partie de « l'avant ». Désormais, je contrôle mes pulsions, je ne bouge plus, et je ravale ma colère. Ma voix intérieure m'explique à l'oreille que je n'ai pas à endosser toutes ces saletés, que je dois le laisser s'empêtrer dans son attitude infantile. Il est le seul responsable de son comportement et doit assumer son choix. Le mien est d'avoir opté pour la paix et la tranquillité de l'esprit. Je n'aurai plus jamais la colère aux tripes. Je ne veux plus jamais me laisser entraîner dans une logique que je ne dominerai pas. Je veux être maître de mes choix, maître de moi.

Il va de soi que l'on n'atteint un tel degré de contrôle qu'après de longues années d'entraînement! Il est fondamental de travailler ses « auto-injonctions ».

J'entends par là les ordres que je me donne. Et je n'y suis parvenue qu'en me répétant des pensées constructives et positives.

En changeant ma façon d'être, j'ai conduit insensiblement Xavier à modifier la sienne. « Avant » je l'insultais pour répondre à sa méchanceté. Ce faisant, je n'étais ni plus loyale ni plus correcte que lui, ce qui attisait nos prises de bec. Très vite, nous nous étions habitués à ces échanges catastrophiques et corrosifs. Une fois la colère tombée, un mur infranchissable d'incompréhension nous séparait, avec son cortège des blessures d'amour-propre et de ressentiments réciproques. Notre amour dérivait et perdait son intensité.

C'est en mettant un terme à nos incessantes disputes que j'ai sauvé la mise. Souvent, je trouve laborieux et injuste d'être systématiquement désignée pour prendre sur mon seul dos nos instants d'égarement. Mais je ne regrette jamais d'œuvrer en ce sens.

J'ai compris qu'en le critiquant, en le diminuant, je n'obtenais plus rien de bon de lui. En revanche, si je lui expliquais les tenants et les aboutissants, en lui montrant que je pouvais ne pas être d'accord avec son attitude, je le responsabilisais. J'ai pris la résolution de ne plus déverser sur lui mes critiques acides et mes accusations.

Afin d'éviter les attitudes négatives et cesser toute forme de lamentation, je vous communique une série de « trucs » qui m'ont beaucoup aidée dans cette démarche.

Prendre l'habitude de vous promener seule dans les endroits publics.

Tendre l'oreille et écouter.

Ouvrir grand les yeux et regarder les autres vivre.

Enregistrer les propos constructifs ou positifs que vous glanez. De même pour les destructeurs et les négatifs. Comptabilisez, le résultat vous surprendra!

Appliquer votre touche personnelle en transformant mentalement le négatif en positif et le destructeur en constructif.

Conclure: après avoir expérimenté avec les autres, appliquer ces préceptes à vous-même. Sans oublier de reformuler correctement les paroles malveillantes ou indélicates.

À l'usage, vous serez satisfait de votre attitude. Par la suite et tout naturellement, vos rapports familiaux et sociaux iront en s'améliorant.

Je vais vous illustrer cette longue démonstration par quelques exemples tirés de ma vie quotidienne.

1. En ce qui concerne nos modes de fonctionnement.

Voilà plus de quinze jours, j'ai demandé à Xavier de faire des achats. Il fait partie de ces hommes qui n'entreprennent que ce qu'ils estiment important. Plus je lui répète ce qu'il doit faire, moins il s'exécute. C'est sa nature.

Avant : je me fâchais, n'admettant pas l'inconséquence de ses actes, et je le lui faisais remarquer plutôt sèchement. Résultat : il se braquait encore plus, devenait pire et la situation s'aggravait, débutant l'escalade de la violence...

Maintenant : je lui explique combien il est regrettable que notre couple subisse les conséquences de ses manquements et je lui exprime toute ma peine de le voir ne pas tenir ses promesses. J'espère qu'il comprendra de lui-même que notre existence s'en trouverait améliorée s'il consentait à s'organiser un peu mieux.

2. En ce qui concerne nos obligations.

Il m'incite à fréquenter des personnes inconvenantes et mal élevées avec lesquelles il entretient des relations d'affaires.

Avant : j'entrais dans des rages incontrôlées lorsque j'étais contrainte d'honorer certains dîners. Le repas se déroulait assez mal, car je supporte mal les rustres et les non-éduqués. Il nous fallait des semaines pour effacer les conséquences de ces soirées catastrophiques.

Maintenant : je ne me rends pas au dîner ou bien je lui explique tout ce qu'il m'en coûte. Je décide alors de m'adapter à la situation et je m'applique à ce qu'il puisse travailler sans encombre.

3. En ce qui concerne nos disputes.

Avant : je m'enlisais dans nos problèmes de couple.

Maintenant : je m'excuse de m'être emportée, je lui explique que j'étais angoissée ou en colère ou frustrée… Quoi qu'il en soit, je fais en sorte d'aplanir les difficultés au plus vite.

Ces exemples montrent à quel point il est capital de maintenir la communication et d'attribuer une juste place au litige. Au lieu d'avoir un discours vindicatif, accusateur, blessant, je préfère me demander en quoi et comment je peux améliorer la situation afin de la rendre agréable pour moi et, en conséquence, pour mon conjoint.

Outil n° 4
Pardonner à l'autre et à soi-même.

Nous n'avons pas le droit de châtier un de nos frères parce que nous considérons qu'il a fait le mal.
Gandhi

Récemment, quand les gens me parlaient de pardon, je ne me sentais pas à l'aise. Peut-être parce que je l'ai toujours associé à la religion ou bien à une manière trop désinvolte d'expédier les problèmes. On vous fait de la peine? On pardonne et ça repart comme si de rien n'était! Je suis trop portée sur l'équilibre en toute chose pour me satisfaire du « pardon facile ».

Avec les ans et l'expérience, j'ai adouci ce point de vue. Mes lectures m'ont conduite à la réflexion, bien plus, elles m'ont aidée à prendre du recul et à considérer les individus autrement. En cherchant ma vérité, j'ai compris que la lumière n'est pas cachée dans les dogmes, mais qu'il importe de saisir le bien-fondé de chaque action et de ne pas se limiter à observer uniquement le premier degré de ses conséquences.

Gandhi disait: « Œil pour œil finira par rendre le monde aveugle. » Il est vrai qu'à trop vouloir se battre pour la justice, nous finissons par devenir des semeurs d'injustice. Et comme il n'est pas acceptable de vivre dans un climat de vengeance, il nous faut apprendre le vrai pardon, car il nous permettra de trouver la paix intérieure. Certes, pardonner est malaisé, mais une fois réalisé, nous devenons un humain en marche vers le divin.

Pardonner à l'autre et à soi-même.
Pardonner à l'autre, c'est lui reconnaître le droit à l'erreur.

J'ai souffert la pire des trahisons puisqu'elle venait de celui que j'aime. Je me suis longtemps demandé quelle attitude adopter: comprendre, pardonner et « passer » ou bien refuser toute logique en dehors de la mienne, rester campée sur mes positions, refuser le pardon. J'ai pensé que cette conduite me plongerait dans l'amertume et que mon amour s'effriterait.

Je vais vous raconter mon expérience du « pardon vécu ».

Xavier me fit une surprise: un couple de nos relations nous invitait, pour le week-end, dans sa maison de campagne en Normandie. Son idée de s'évader de Paris me parut alléchante, même si je préfère aller à l'hôtel plutôt que de partager l'intimité de quasi-inconnus. Je dois avouer que j'ai mes exigences en matière de propreté, de finesse et de comportement.

En me rendant à cette invitation, j'étais certaine que ces vacances me rendraient ni sereine ni épanouie: une journée passe encore, mais quatre! C'était le bagne assuré. Je ne pouvais donc l'accompagner. J'ai demandé à Xavier de ne pas se priver à cause de moi, car, de toute façon, il irait avec ou sans moi, sa priorité étant de se retrouver avec ses amis. Il est toujours sympathique de se sentir aimée de cette manière! Comme d'habitude, j'en pris bonne note.

Xavier prit soin de me téléphoner chaque jour, et il m'annonça qu'il devait prolonger son séjour chez ses amis, car il envisageait de travailler dans la région. Par un concours de hasards dont je vous épargnerai les détails, j'appris que Xavier ne s'était jamais rendu en

Normandie chez ses amis, mais qu'il était... en Espagne chez un copain!

J'entrai dans une rage noire. Tout allait de travers, je ne comprenais plus rien. Comment pouvait-il me mentir à ce point? J'étais hors de moi, car, ne me sachant pas au courant de sa duplicité, il persistait à me téléphoner chaque jour.

Pour la première fois, je me trouvais face à un dilemme qui me semblait insoluble. D'une part, je savais qu'il m'aimait – ni de la présomption ni de la prétention, j'en ai l'intime conviction – d'autre part, comment pouvais-je expliquer le manque total de logique dans son attitude?

Entre-temps, il m'avait demandé de le rejoindre à Bordeaux. Au cours de cette conversation, j'avais rentré toute ma colère : j'avais pris mes responsabilités face au choix de vie que je venais de faire. Je voulais nous donner une chance, je voulais l'entendre pour comprendre et agir en conséquence.

Aller le retrouver était, pour moi, une épreuve réellement insupportable. Durant tout le voyage, je me suis raisonnée et abreuvée de pensées constructives. Pire encore fut notre tête-à-tête : à aucun moment, il n'eut le courage de me dire la vérité, malgré les perches que je lui tendais.

Je suis revenue de cette épreuve initiatique plus forte encore de me savoir maîtresse de mes décisions. Je m'étais juré de ne pas sombrer, de m'offrir une victoire sur moi-même, je l'avais fait. J'étais fière de moi!

Je ne sais pas vivre dans le mensonge, aussi lui ai-je dit que je connaissais sa machination. Me sachant colérique, il a pu mesurer la force de caractère dont j'avais fait preuve en me dominant. Il m'a avoué qu'il avait eu envie de prendre l'air sans moi et, ne sachant comment s'y prendre pour ne pas que je l'accompagne, il avait inventé cette fable.

Cette fois, j'ai opté pour le pardon. Le pardon de ses mensonges, de ses faiblesses, de ses manquements. Je l'ai laissé face à ses responsabilités; moi, j'avais assumé les miennes. Maintenant, je fais aussi mon *mea culpa* en me faisant plus souple et plus compréhensive de manière à ce qu'il n'ait plus besoin d'avoir recours à de tels artifices. Au lieu de le fustiger, j'ai accepté de le voir tel qu'il est et non plus comme je le voudrais. Comprenez-moi bien : pardonner ne veut pas dire avaler des couleuvres, mais comprendre le comportement de l'autre.

Croyez-moi, le miracle a eu lieu : je me suis sentie totalement délivrée, forte, animée de pensées paisibles. Après la tempête, j'abordais les rives de la sérénité.

En réalité, il ne s'agit pas seulement de murmurer un vague pardon du bout des lèvres, il s'agit de faire preuve d'amour et de générosité. En étant sincère et loyale, toute forme de trahison est insupportable. Pour cette raison, vous comprenez combien il est malaisé d'accorder un véritable pardon.

Une amie me disait qu'elle pardonnait souvent, mais qu'elle n'oubliait jamais. Qui peut prétendre être frappé d'amnésie face à l'infamie? Très peu de personnes, assurément, car la faculté d'oubli est loin d'être un acte naturel.

Pour vivre sereinement dans une nouvelle construction conjugale, il est nécessaire de pratiquer l'oubli. Vous devez pardonner les erreurs et les fautes de votre partenaire; plus encore, vous devez apprendre à effacer les traces de vexation et les blessures d'amour-propre. Ce qui ne veut pas dire que vous devez vous forcer à un semblant d'oubli. Au contraire, vous allez décider de fermer à jamais la rubrique des rancœurs, d'en faire le deuil.

Il me reste encore une précision à vous apporter. Il faut apprendre à se pardonner soi-même pour mieux savoir pardonner à autrui.

Le pardon de soi-même, c'est consentir à s'aimer tel que l'on est. Nous devons accepter nos incertitudes, nos imperfections et reconnaître notre nature terriblement humaine et limitée. Ce faisant, nous cesserons de réclamer l'impossible à notre compagnon. Admettre nos faiblesses nous permettra d'accepter celles de l'autre. C'est ce que j'appelle le « pardon facile ».

Il m'arrive, en tant que bâtisseur d'équilibre, de constater l'absence de recours si je refuse à l'autre et à moi-même le droit à l'erreur. Le pardon est une donnée primordiale et incontournable de la reconstruction du couple. Tant que vous n'aurez pas fait cette démarche de façon active et en pleine conscience, vous ne pourrez pas espérer des résultats tangibles.

Outil n° 5
S'oublier pour mieux aimer l'autre.

*La langue, c'est la meilleure et en même temps
la plus mauvaise chose du monde.*
Ésope

Qu'est-ce que s'oublier pour mieux aimer l'autre? Parfois, le faire passer avant, décider de lui donner une place prépondérante, décider de mieux le comprendre pour mieux l'aimer. Mais c'est aussi refuser de se battre pour avoir raison à tout prix afin de préserver le bonheur conjugal.

Il faut savoir agir dans l'urgence face au conflit dans le couple et mettre en sourdine ses propres revendications pour prendre en considération le point de vue de l'autre. Souvent, cet état d'urgence exige de faire, avant tout, le sacrifice de nos besoins et de nos priorités.

Quand nous donnons de l'importance à notre couple, nous en donnons, par voie de conséquence, à notre partenaire. Par nos choix et nos actes, nous lui disons: « Tu es important pour moi et je fais tout mon possible pour nous sauver, parce que je tiens à toi. »

Avez-vous remarqué votre comportement lorsque vous êtes dans la tourmente? Vous adoptez l'attitude de ces enfants qui accusent l'autre de méchanceté et de causer la dispute. La plupart du temps, vous croyez sincèrement penser au bien de l'autre alors que vous êtes seulement centrée sur vous-même. S'oublier exige beaucoup d'amour et d'abnégation.

S'oublier, pour mieux aimer l'autre.
Rester dans l'ombre ne veut pas dire être oublié, ne pas exister.
C'est une délicate manière de dire « je t'aime ».

Je dois vous avouer humblement que je n'ai pas toujours été capable de me soustraire à mon envie de figurer au premier plan, bien que ce soit au détriment de mon conjoint. Je reconnais qu'il est difficile de se soumettre aux besoins de l'autre, alors que ses propres exigences ne sont pas assouvies.

Je pense en particulier à notre voyage à Bangkok. Plus particulièrement à cette soirée à Patpong qui est le quartier chaud, très chaud, le cœur du sexe et de la drogue en Thaïlande. Après avoir traîné dans les rues, nous sommes entrés dans une boîte de nuit semblable à toutes les autres : chaleur, odeurs et vacarme entremêlés.

Xavier est descendu sur la piste. Il dansait si près de moi que j'aurais pu le toucher. Amusée, j'observais ses déhanchements, ravie de le voir se détendre en musique. Soudain, une femme horrible, espèce de gnome édenté, se mit à coller son arrière-train contre celui de mon homme. Je n'en croyais pas mes yeux pourtant écarquillés au maximum. J'étais en « alerte rouge » de voir cette espèce de femelle faisant main basse sur ce qui m'était le plus cher.

Je dus faire des efforts surhumains pour contrôler ma colère et me dominer, car je n'étais pas loin de la crise d'hystérie. Je me voyais déjà empoigner cette bonne femme et l'éjecter de la piste de danse. « Dans deux minutes, j'explose », me disais-je.

Le plus terrible fut de remarquer un sourire sur le visage de mon homme. Comment pouvait-il se frotter et sourire à cette mégère ? Inconcevable ! Son attitude était aussi révoltante qu'ahurissante. Je restais là, face à lui, témoin muet d'une scène délirante. Je tentais de me raisonner: « Sois *cool*, il prend du bon temps, pense à son plaisir, ne prends pas ça à cœur. » Facile à dire, pas vraiment à faire. Quelques minutes plus tard, la musique s'arrêtait et il est venu se rasseoir à côté de moi, en toute innocence.

La leçon a été rude. S'oublier, oui. Mais que l'amour et l'abnégation m'avaient fait défaut, cette soirée-là! Que de sagesse et de maîtrise de moi je devais déployer pour affronter ma peine! Car j'étais profondément peinée et d'autant plus attristée qu'il refusait de s'en apercevoir et de me comprendre. Lui non plus n'était pas capable de s'oublier face à mon inconfort. Mais lui, l'homme, il est beaucoup plus égoïste et égocentrique, par définition. Rien que de très naturel dans sa façon d'être heureux de son sort pendant que je me morfondais. En revanche, le contraire ne serait pas vrai... Allez donc savoir pourquoi.

Outil n° 6
L'entendre pour le comprendre.

L'enfer, c'est la solitude de celui
qui s'est voulu absurdement suffisant.
Abbé Pierre

Nous parlons souvent, trop, et nous n'écoutons pas assez. Ce *nous* représente, bien entendu, la femme qui déballe à qui mieux mieux ses déboires. « À raconter ses maux, souvent on les soulage », disait Corneille. Qui donc la femme écoute-t-elle si mal? Assurément son compagnon, surtout quand il se plaint d'elle.

Posons le problème: l'homme parle peu, mais quand il le fait, il n'est pas entendu. Je l'ai expérimenté à mes dépens.

Mon homme est un véritable ours. Lorsqu'il est en colère, ou bien il se renfrogne ou bien il s'active en ignorant ma présence. Quoi qu'il en soit, il fait son possible pour éviter tout contact avec moi. Cette façon puérile de contourner le problème est parfaitement ridicule. Plutôt que régler notre litige en adulte, il s'enferme dans sa caverne jusqu'au pourrissement de son bien-être et du mien par la même occasion. Plus il se mure dans son silence, plus il rumine sa rancœur, plus la situation se dégrade.

Comme je le pratique depuis longtemps, ses états d'âme n'ont aucun secret pour moi et je lui bloque le chemin qui mène à sa caverne. C'est bien simple: d'abord, je me calme. Puis j'engage de toute urgence

L'entendre pour le comprendre.
Plus je l'écoute, plus je l'entends. Plus je l'entends, plus je le
comprends. Plus je le comprends, et plus je l'aime.

la conversation sur un sujet futile. Je maintiens le dialogue et je l'amène insidieusement à me répondre. Ensuite, je le ramène vers le vrai débat.

Si cette méthode n'est pas infaillible, elle a au moins le mérite de vous faire comprendre que vous gagnerez beaucoup à dialoguer dans le calme, loin des pleurs et des cris.

N'oubliez pas que, la tempête conjugale calmée, c'est le moment ou jamais de l'écouter... et de l'entendre. Cela nécessite une bonne dose d'attention, mais c'est un instant crucial à ne pas manquer. Vous devez le rassurer afin qu'il se sente suffisamment en sécurité pour s'ouvrir à vous. Vous comprendrez que cette démarche assure le véritable partage dans le couple, car vous vous devez mutuellement assistance et soutien.

Nous nous demandons toutes pourquoi la gent masculine s'exprime aussi rarement et seulement dans des circonstances particulières. Parce qu'ils préfèrent les sujets concrets – mécanique, problèmes pratiques, etc. – au lieu de s'éterniser sur leurs états d'âme. Voilà la grande différence entre les hommes et les femmes dont je parlais plus haut.

Le mutisme des hommes ne signifie pas qu'ils n'éprouvent jamais d'émotions. Finalement, ils ne sont pas aussi différents de nous, surtout si nous parvenons à les faire parler en toute confiance. Là réside le secret d'une bonne communication avec notre partenaire. Pour le reste, un peu de doigté suffit.

J'ai noté à ce propos un vieux dicton qui nous apprend qu'« *une femme peut élever un homme ou le briser* ». Si nous envisageons le bonheur du couple en mal de communication, il me semble opportun de trouver un terrain d'entente. Aussi, vous aurez deviné que j'ai opté pour la première possibilité: « *élever* » mon homme.

Quand il s'agit de me faire part de ses difficultés conjugales, le mien n'utilise pas un ton de voix normal. Soit il hurle, soit il susurre dans le style confidences sur l'oreiller. Dans un cas comme dans l'autre, j'ai du mal à l'entendre, encore plus à l'écouter.

Petit conseil pratique: ouvrez grand vos deux oreilles et faites au mieux pour le comprendre. Ne dites rien, ne répondez pas, contentez-vous de bien tendre l'oreille, car vous ne savez pas combien de temps va s'écouler avant qu'il daigne de nouveau ouvrir la bouche. En agissant ainsi, avec patience et délicatesse, vous lui venez en aide. Et c'est en vous taisant et en l'écoutant que vous l'apprécierez.

Souvent, il se répète et se plaint toujours de la même chose. Ce n'est pas une raison pour perdre patience et ne plus lui faire confiance. Il est essentiel de lui montrer combien vous tenez à le rendre heureux. D'ailleurs, ce n'est qu'en restant à son écoute que vous trouvez le mode d'emploi pour lui rendre la vie agréable. Par ricochet, votre couple s'en trouvera conforté.

Je vous invite à le comprendre et à le chérir. Nous n'avons d'autre choix que d'apprendre comment vivre avec notre homme, qu'il soit ange ou démon. Au nom de quoi, d'ailleurs, nous accepterions l'ange et refuserions le démon? Même si l'amour de notre vie est le diable en personne, nous devons tout mettre en œuvre pour le comprendre et avancer avec lui.

Croyez-moi, quand nous crevons d'aimer et que nous voulons aimer l'être choisi, nous trouvons la motivation.

Apprendre à parler de ses émotions.
À chaque fois que je lui confie mes sentiments, je m'aperçois
qu'il en fait autant, et s'autorise à plus d'humanité.

Outil n° 7
Apprendre à parler de ses émotions.

Tout ce que tu dis parle de toi.
Singulièrement quand tu parles d'un autre.
Paul Valéry

À ce stade du manuel, il me semble opportun d'aborder la notion de « parler correct ».

Dans un couple en difficulté, il ne faut jamais donner l'impression de porter des accusations ou des jugements. Concrètement, cela se traduit en employant le « je » à la place du « tu ». En effet, l'utilisation de « *tu* » apparaît comme une accusation alors que le « *je* » signifie bien que l'on parle en son nom.

Si vous dites : « Tu me mets en colère, tu es en retard, tu as vu comment tu me parles… », votre interlocuteur acceptera assez mal cette façon de vous adresser à lui et, à juste raison, se sentira agressé. Le « *tu* » parle de l'autre et peut donc être facilement interprété comme un discours dénué de sentiments, voire belliqueux.

Si vous dites : « Je me sens en colère, je suis fâchée et inquiète de te voir arriver plus tard que prévu, je suis blessée quand tu t'adresses à moi ainsi… », il y a de fortes chances pour que votre partenaire vous écoute d'une oreille plus attentive et qu'ensuite il daigne vous prendre en considération. Le « *je* » parle de votre personne, de vos émotions, de votre histoire. Il requiert un minimum d'attention de la part de votre interlocuteur.

Tout le secret d'une bonne entente cordiale réside dans le ton et la manière de s'exprimer. L'apprentissage de ce comportement demande du temps et pas mal d'efforts. Pour sauver votre couple et l'empêcher de sombrer dans l'ennui et le désespoir, veillez à ne pas mettre de l'huile sur le feu dès que vous ouvrez la bouche pour vous adresser à votre conjoint.

Vous devez bien noter l'importance du « discours courtois ». Commencez par vous exercer en lançant de temps à autre une phrase sur ce modèle et vous remarquerez à quel point il est nécessaire de vous exprimer avec courtoisie.

L'éducation n'enseigne pas à être vulnérable, c'est-à-dire à montrer son visage le plus humain, le plus vrai. Partout, la norme reste le rapport direct avec étalage de force et de violence. Les larmes et les émotions sont interdites de séjour dans notre monde. Ceux et celles qui affichent leur sensibilité se voient frappés d'ostracisme.

Quand je suis en contact avec des enfants, je m'efforce de les aider à s'exprimer. Je les accompagne dans l'expression de leur sensibilité, sans me montrer trop directive. Lorsqu'ils se mettent en colère, je les laisse s'exciter. Une fois leur rage passée, exprimée, digérée, nous tâchons ensemble d'en comprendre et d'en expliquer les raisons. Par la suite, j'ai remarqué qu'ils avaient tendance à moins s'emporter. Contraindre leurs instincts primaires les rend plus agressifs. À mon avis, la délinquance est la résultante de nombreux refus: refus d'écoute, refus d'intégrer, refus d'accepter la différence…

Pour terminer, je dirai qu'il est essentiel de parler en son nom de ses émotions, de cesser d'accuser, de développer sa *vraie* personnalité, celle qui est issue de l'*agir* et non du *réagir*.

Renaître à la vie.
Parce que nous avons su surmonter ensemble nos différences et
difficultés, nos liens en sont ressortis d'autant plus renforcés.
Notre présent et notre avenir sont désormais synonymes d'un
bonheur retrouvé.

Outil n° 8
Renaître.

Qu'importe le malheur
si nous sommes malheureux ensemble!
Proverbe indien

En général, les crises du couple masquent une demande d'amour non satisfaite.

Divorcer est devenu monnaie courante, car plus personne, à notre époque, ne semble parler le langage de l'amour. Comprendre que bien d'autres vivent des difficultés identiques aux nôtres nous aide à relativiser nos problèmes.

À ce stade de votre lecture, vous possédez désormais tous les outils pour *rebâtir* votre couple sur de nouvelles bases. Votre amour peut connaître la *renaissance*.

C'est ce que je vous souhaite.

Pour terminer cet ouvrage, je vais vous relater les histoires vécues (et véridiques) par Monsieur et Madame Tout-le-monde, Marcel et Marie-Madeleine. Vous comprendrez que vos problèmes sont partagés par bien d'autres. Dans les moments de déprime, vous vous sentirez moins seuls.

La vie de Marcel et de Marie-Madeleine.
Tout le monde a la capacité de conjuguer son quotidien
au présent de la réussite.

Les exemples :
la vie de Marcel et de Marie-Madeleine

Au cours de la vie, nous passons du rêve à la réalité : la vie à deux avec ses bonheurs et ses infortunes. Ces quelques anecdotes vous plongent dans la réalité : le quotidien de M. et Mme Tout-le-monde.

L'art du vouloir instable

Marcel demande à Marie-Madeleine de lui cuisiner des biscuits en précisant bien qu'il les veut avec des pépites de chocolat, des raisins noirs et des raisins jaunes. En bonne épouse, Marie-Madeleine s'exécute, prépare le mélange et surveille la cuisson avec amour.

Marcel se régale.

Quelques jours plus tard, au cours d'une dispute, il lance à son épouse :

– À cause de toi, je grossis ! Toi, tu me fais des pâtisseries et moi, je prends des kilos.

Marie-Madeleine est abasourdie par le reproche, elle réplique :

– Mais c'est toi qui m'as demandé…
– Je ne t'ai jamais dit de m'en faire autant, rétorque Marcel avec la plus mauvaise foi du monde.

Quoi que vous fassiez, mesdames, tout sera toujours de votre faute, d'ailleurs, c'est ainsi de toute éternité.

L'art du vouloir instable.
On peut me reprocher tout et n'importe quoi. Ce qui compte,
c'est que je fasse de mon mieux et d'en être contente.

Face à autant d'infantilisme et d'irresponsabilité, je vous conseille vivement d'en prendre votre parti. Inutile de vous lamenter sur votre sort, la vie est ainsi faite avec son lot d'injustices.

Si vous aimez aussi les biscuits, continuez d'en préparer et laissez-le se débrouiller tout seul avec sa ligne. Si vous ne voulez plus être accusée, enlevez votre tablier de cuisinière.

Dans cette affaire, mon sentiment est que : ne rien faire serait encore la meilleure défense.

L'art du vouloir imposer.
Sur le moment, il ne réalise pas. Plus tard, loin des crises, il
réalise et s'excuse. Oui, c'est possible!

L'art du vouloir imposer

Marie-Madeleine prépare un souper en amoureux pour fêter l'anniversaire de Marcel. Dix minutes avant son retour à la maison, il téléphone pour annoncer qu'il est accompagné de son vieux copain René. Celui que Marie-Madeleine surnomme « l'arnaqueur », la vulgarité personnifiée. Il ne lui reste plus qu'à ravaler sa joie, faire bonne figure et mettre un couvert supplémentaire en contenant au mieux ses larmes et sa colère.

La soirée se termine dans une boîte de nuit à la mode où les deux compères éméchés se font photographier avec deux filles. Marcel, en parfait malotru, se réserve deux clichés : un avec son copain, un avec sa plus proche voisine de table. De son épouse, aucune.

Face à autant d'incorrection, la seule solution pour Marie-Madeleine est de se lever et d'aller danser.

Et qui sait, à force de danser…

Non, je n'ai jamais poussé qui que ce soit à changer de partenaire. Je dis qu'il faut puiser en soi la force de faire comprendre à l'autre combien il agit mal. Ce pauvre Marcel ne réalise pas le ridicule de la situation. C'est donc à Marie-Madeleine, à vous donc, d'user de diplomatie et de finesse pour faire évoluer votre Marcel.

La morale de cette histoire : trouver la force en soi pour faire comprendre à l'autre combien il agit mal.

L'art du vouloir faire paraître.
Il peut vouloir contrôler ma vie, surtout devant un tiers.
Il ne contrôle que si je veux qu'il le pense ainsi.

L'art du vouloir faire paraître

Marie-Madeleine reste souvent seule à la maison. Marcel est pris par son travail. Il ne justifie jamais ses déplacements, raconte ce qu'il veut à son épouse et entend qu'elle prenne cette situation avec le sourire.

Tout est parfait : Marie-Madeleine sourit, et il lui arrive même de rire. Elle ne sacrifie plus sa gaieté ou sa beauté à l'égoïsme de son cher Marcel. Elle s'assume, organise sa vie sans lui et insensiblement apprend à mieux l'aimer. En chassant l'illusion de sa dépendance ou de son besoin de lui, Marie-Madeleine se rend compte qu'elle ne voit Marcel que pour se faire plaisir.

Vous l'aurez compris : le maître de l'univers, c'est vous et non plus lui !

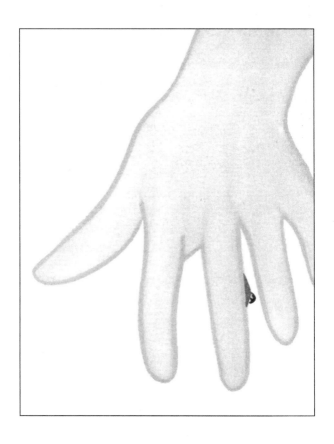

L'art du vouloir être mesquin.
Quand il aime, il peut être un chevalier. Le deal *est qu'il le*
soit tout le temps, et en toute circonstance. Oui, c'est possible!

L'art du vouloir être mesquin

Marie-Madeleine a la cinquantaine. Elle travaille comme cuisinière et comme garde-malade d'un vieillard lourdement handicapé. Le père de Marie-Madeleine est dans le même état, mais elle ne peut s'occuper de lui, faute de temps et d'argent. Son Marcel ne lui donne pas un sou. Juste le nécessaire pour les achats indispensables à la maison. Elle n'a droit à rien d'autre, pas un extra, rien. C'est pour cela qu'elle travaille, la tristesse au cœur devant la petitesse de son Marcel après toutes ces années passées à son service. Pour sa défense, elle se bat, la rage aux tripes.

Les Marcel radins, il y en a plus que l'on pense. La mesquinerie d'un homme qui n'assure plus son rôle de protecteur est désastreuse. Refuser de donner à sa femme de l'argent pour qu'elle se fasse belle en disant qu'il s'agit de futilités ou par besoin de la tenir sous son contrôle... Je n'ai pas de mots pour qualifier cette attitude!

Si vous faites partie de ces Marie-Madeleine dont les Marcel n'assument pas leur rôle de pilier, je vous conseille l'insurrection. Osez sortir de votre condition, battez-vous pour votre bien-être. Mettez-vous à travailler et dispensez vos largesses à ceux qui les méritent. Continuez d'aimer votre mari, mais pensez plus à vous-même. Confrontée à la défection de votre Marcel, vous devrez assurer votre sécurité. Ne l'oubliez pas.

Ne vous laissez jamais abattre par l'ignominie, vous trouverez sur votre chemin d'infortune une main secourable qui saura vous guider.

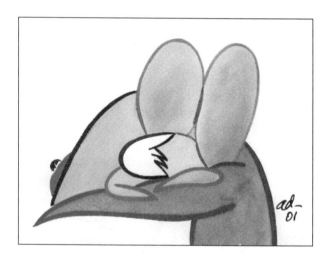

L'art du faire admettre.
Je refuse toute ingérence dans notre fonctionnement privé. Je
le clame à haute et intelligible voix! J'ai bien dit: « Toute
forme d'ingérence, quelle qu'elle soit ».

L'art du faire admettre

Marie-Madeleine a des rapports tendus avec la famille de Marcel. Le moins qu'on puisse dire est que leurs rencontres ne sont pas paradisiaques.

La mère de Marcel manque de gentillesse et de tact vis-à-vis de sa bru. L'amour maternel ne justifie pas tous les comportements, surtout les plus odieux! Marie-Madeleine comprend bien que sa belle-mère n'est pas obligée de l'apprécier, mais elle regrette vivement qu'elle soit trop souvent à l'origine de ses disputes conjugales avec Marcel.

Les deux époux éprouvent déjà bien des difficultés à trouver leur équilibre dans leur vie de couple sans que viennent s'ajouter les appréciations acerbes de la belle-mère.

Marie-Madeleine est une bonne épouse. La mère de Marcel devrait se rassurer : elle n'a pas « perdu » son fils et elle peut constater qu'il est heureux avec sa femme.

En ayant un comportement juste et chaleureux avec leurs belles-filles, ces mères abusives trouveraient leur compte, et leur attitude faciliterait considérablement l'ambiance des réunions familiales. Malheureusement, je connais bien peu de familles qui échappent à cette fâcheuse posture.

J'ose espérer voir fleurir plus de bonheur dans les foyers pour le bien de tous en respectant ce bon principe : avoir une attitude juste et chaleureuse.

Conclusion

Vouloir être heureux, c'est possible.
Pouvoir être heureux, c'est accessible et plus que possible.

C'est la nuit qu'il est beau de croire à la lumière.
Edmond Rostand

En lisant ces quelques histoires de couple, vous aurez constaté qu'il existe bien pire chez les voisins. Vous avez compris que votre situation, pour dramatique qu'elle soit, ne doit pas vous anéantir. Je vous l'avais dit dès le début: il faut apprendre à survivre dans tous les cas de figure.

En faisant le point calmement, vous constaterez qu'il existe toujours un moyen de vivre autrement.

Renaître, c'est continuer de vivre auprès de votre époux avec un autre état d'esprit. Fixez-vous des objectifs positifs, n'espérez que « le bon », et vous retrouverez l'espoir. Refusez la spirale de l'échec et, au contraire, affrontez l'existence avec courage et persévérance. À force de croire au bonheur, vous finirez par l'incarner. Ne laissez pas le doute obscurcir votre vie, gardez l'espoir, fixez-vous des objectifs réalisables et avancez à petits pas. Un jour, vous aussi serez au faîte de votre vie!

J'ai choisi de mettre en exergue cette phrase d'Edmond Rostand pour vous faire comprendre que les difficultés de l'existence vous donnent l'occasion de vous surpasser et que, seule face à l'adversité, vous avez surmonté les obstacles. Jusqu'alors vous ignoriez cette force qui était en vous. En affrontant la redoutable complexité conjugale, vous prendrez conscience de l'amour de votre époux et de la place essentielle de votre vie maritale.

Bien souvent, à force de souffrir, nous n'avons appris qu'à rendre coup pour coup, jusqu'à ne plus nous consacrer qu'à la médisance et à l'effronterie. Le cinéaste Lars von Trier disait: « Lorsque l'on aime quelqu'un, l'opinion des gens ne doit pas s'interposer. » En d'autres termes: ne perdez pas de vue que vous êtes seule responsable de vos actes et de l'orientation que vous voulez donner à votre existence, de votre bonheur *et* de votre malheur.

Dans cet ouvrage, j'ai voulu vous inciter à prendre des décisions. En aucune manière, je n'ai tenté d'usurper votre place et de décider pour vous, car je n'avais pas perdu de vue l'adage qui dit que les conseilleurs ne sont pas les payeurs.

Quelles que soient les décisions que vous prendrez, car je suis sûre que vous en prendrez, agissez avec prudence et ne sacrifiez pas votre bien-être au profit d'une illusion. Optez pour la voie du milieu, celle de la sagesse qui mène à l'accomplissement de votre personnalité.

Ne rêvez pas votre vie: assurez-vous du maximum de bonheur et du minimum de frustrations. L'amour, la tolérance, la compréhension et l'empathie sont essentiels à toute recherche d'équilibre.

Enfin, et pour conclure, je dirai que le secret du bonheur est la découverte de votre propre potentiel: vous avez la capacité de quitter ce vilain mari et vous ne le faites pas. N'est-ce pas démontrer à quel point vous êtes puissante et dominez votre destinée?

Non seulement vous avez dépassé toute culpabilité et toute angoisse liées à la séparation, mais vous avez compris et accepté votre évolution et celle de votre partenaire. Rester, c'est accepter, comprendre, pardonner et renaître.

Vous venez de décider de l'aimer comme il est, quel qu'il soit.

N'est-ce pas beau l'amour?

Et on ne sait *jamais...*

Vous savez tout sur l'art et la manière de gérer vos difficultés conjugales. Au milieu de la tempête, vous êtes parfaitement apte à survivre sereinement au sein de votre couple.

Malgré tous vos efforts et votre bonne volonté, en dépit de mes conseils, vous constatez qu'il vous est impossible de recoller les morceaux? Ne vous laissez jamais aller dans la déprime, même au fond du gouffre existe une solution.

Et on ne sait jamais... guettez la parution du prochain ouvrage que j'intitulerai sans aucun doute : *Mon manuel de survie : pour aider celles qui ne veulent plus rester avec leur mari.*

BIENVENUE CHEZ MOI!

manueldesurvie@hotmail.com

Anh-Dào

DISTRIBUTEURS EXCLUSIFS

Distributeur pour le Canada et les États-Unis
LES MESSAGERIES ADP
MONTRÉAL (Canada)
Téléphone : (514) 523-1182 ou 1 800 361-4806
Télécopieur : (514) 521-4434

Distributeur pour la Suisse
TRANSAT S.A.
GENÈVE
Téléphone : 022/342 77 40
Télécopieur : 022/343 46 46

Distributeur pour la France et autres pays européens
HISTOIRE ET DOCUMENTS
CHENNEVIÈRES-SUR-MARNE (France)
Téléphone : 01 45 76 77 41
Télécopieur : 01 45 93 34 70
histoire.et.document@wanadoo.fr

Dépôts légaux
4ᵉ trimestre 2003
Bibliothèque nationale du Canada
Bibliothèque nationale du Québec